TEMEL KEMİK SUYU YEMEK KİTABI

Bedeninizi ve Ruhunuzu Besleyen Lezzetli ve Besleyici Yemekler Hazırlamanıza Yardımcı Olacak Güzel Renkli Görsellerle Birlikte Ağız Sulandıran 100 Tarif

Aynur Taş

Telif hakkı Materyal ©2023

Her hakkı saklıdır

Yayıncının ve telif hakkı sahibinin uygun yazılı izni olmadan, bu kitap bir incelemede kullanılan kısa alıntılar dışında hiçbir şekilde, şekilde veya biçimde kullanılamaz veya dağıtılamaz. Bu kitap, tıbbi, yasal veya diğer profesyonel tavsiyelerin yerine geçemez.

İÇİNDEKİLER

İÇİNDEKİLER	**3**
GİRİIŞ	**7**
BALIK VE DENİZ ÜRÜNLERİ	**8**
1. Kılçık Suyu	9
2. Koşun	11
3. Deniz Mahsüllü Kinoa Salatası Suyu	13
4. Beyaz Şarap Soslu Midye	16
5. Sağlıklı Balık Çorbası	18
DANA, KUZU VE DOMUZ ETİ	**20**
6. Et ve Sebze Suyu Çorbası	21
7. Et suyu tenceresinde Et Suyu Çorbası Joumou	23
8. Dana Döş ve İşkembe Çorbası	26
9. Miso suyu	28
10. Tonkotsu suyu	30
11. Berrak Soğan Suyu Çorbası	33
12. Camp Pot Kızartma Suyu	35
13. Domuz Ramen Suyu	37
14. Kahverengi Et Suyu	39
15. Et Suyu Çorbası	41
16. Kuzu ve Patates Köri	43
17. Miso Domuz Eti ve Ramen	46
18. Jambon ve Fasulye Suyu Çorbası	49
19. Baharatlı Kuzu Suyu	51
20. Klasik Et Suyu	53
21. Kereviz Kuzu Suyu	55
22. Tajin	57

23. Domuz Eti ve Sebze Suyu — 59
24. Dana Biber Suyu — 61
25. Baharatlı Et Suyu — 63
26. Asya usulü çekilmiş domuz eti sous vide — 65
27. Jamaika'dan Keçi Suyu — 68
28. Sığır Kemik Suyu — 70
29. Baharatlı Yeşillikli Kemik Suyu — 72
30. Daikon ile Baharatlı Kuzu Yahni — 74
31. Füme Paprika Dana Gulaş — 76

KANATLI HAYVANCILIK — 79

32. Tavuk ve Sebze Ramen Kasesi — 80
33. Karayip tavuk-sebze suyu çorbası — 82
34. Bağışıklık Suyu Çorbası — 84
35. Tonyu suyu — 86
36. Tavuklu ve Parmesanlı Et Suyu Çorbası — 88
37. Shoyu suyu — 90
38. Shio suyu — 92
39. Tavuk Lahana Suyu — 95
40. Tavuk Erişte Suyu Çorbası — 97
41. Hindi Et Suyu Çorbası — 99
42. Sülün ve Pirinç Suyu Çorbası — 101
43. Tavuk Kemik Suyu — 103
44. Tavuk ve Hindistan Cevizli Et Suyu Çorbası — 105
45. Mantarlı Tavuk Suyu Çorbası — 107
46. Otlu Tavuk Suyu — 109
47. Hindistan Cevizi Sütünde Acılı Tavuk — 111
48. Gökkuşağı Sebzeli Tavuk Suyu Çorbası — 113
49. Sıcak Tavuk Suyu Çorbası — 115
50. Tembel Tavuk Karnitası — 117

51. Hindi Suyu — 119
52. Tayland Hindistan Cevizli Domates Bisküvisi — 121
53. Karnabahar Vichyssoise — 123
54. Tavuk Zencefilli Kemik Suyu — 125

SU İLE PİŞİRME — 127

55. Et Suyu Kinoa Salatası — 128
56. Chipotle Kavrulmuş Sebze Kuskus — 130
57. Güney Collard Yeşilleri — 132
58. Buharda Haşlanmış Brokoli — 134
59. Boğulmuş Yumurta Suyu — 136
60. Kemik Suyunda Haşlanmış Yumurta — 138
61. İstiridye ile Kemik Suyu Buharda Yumurta — 140
62. Glutensiz Mapo Tofu — 142
63. Tex-Mex Chili Con Queso — 145
64. Sarımsaklı Hindi Enchiladas — 147
65. Hindi Turtası — 150
66. Tek Kaplı Hindi Chili Mac — 152
67. Yavaş Pişirilen Körili Tavuk — 154
68. Havuçlu Kavrulmuş Limon Bütün Tavuk — 157
69. Tek Tava Karayip Jerk Tavuk ve Sebzeler — 160
70. Beyaz Şarap ve Tarhun ile Kremalı Tavuk — 162
71. Bezelyeli Mantarlı Risotto — 165
72. Tek Kaplı Kimchi Ramen — 167
73. Körili Mercimek, Tatlı Patates ve Nohut — 170
74. Mantarlı Tavuklu Risotto — 172
75. Tek Kap Makarna ve Fagioli — 175
76. Kremalı Mantarlı Makarna — 177
77. Beyaz Biber — 179

KONSERVE SUYU — 181

78. Hindi Suyu	182
79. Zuppa Toscana Et Suyu Çorbası	184
80. Kuşkonmazlı Tavuk Suyu Çorbası	186
81. Meksika Sığır Eti ve Tatlı Patates Suyu Çorbası	188
82. Jambon ve Bezelye Suyu Çorbası	191
83. Geyik Eti Yahnisi	194
84. Mısırlı Limonlu Tavuk Suyu Çorbası	197

KEMİK SUYU SOSLARI   199

85. Chimichurri Sos	200
86. Salsa de Guajillo	202
87. Yeşil Salsa	204
88. Cacahuate Salsa	206
89. Acılı Ekşili Et Suyu Çorbası	208
90. Dana Erişte Suyu Çorbası (Szekuan Usulü)	210
91. Kabak Eriştesi ile Pho	213
92. Sucuklu ve Karalahanalı Mantı Et Suyu Çorbası	216
93. 15 Dakikalık Hindi Pho	218
94. Yavaş Tencerede Fransız Soğan Suyu Çorbası	220
95. Tek Kap Tavuk Suyu Çorbası	222
96. Otantik Tay Sebze Suyu Çorbası	225
97. Yavaş Tencerede Şangay Usulü Sığır Pancar Çorbası	227
98. Yavaş Tencerede Bezelye Suyu Çorbası	229
99. Klasik Wonton Broth Çorbası	231
100. New England Midye Çorbası	234

ÇÖZÜM   237

GİRİŞ

Kemik Suyu Nedir?
Bazen stok olarak adlandırılan kemik suyu, kaynayan hayvan kemiklerinden ve bağ dokusundan yapılan sıvıdır. Aşçılar çorbalar, soslar ve soslar için et suyu kullanırlar. Bazı insanlar kendi başına içiyor.
İnsanlığın başlangıcından beri insanlar kemik suyu yapıyorlar. Antropologlar, insanların kemikler ve diğer hayvan parçaları ile aşılanmış sıvıları tarih öncesi çağlardan beri içtiklerini düşünüyorlar.

100 renkli resim vardır (her tarif için bir tane), tadı kadar güzel görünen yemekler yaratmanıza yardımcı olur.

Özetle, kemik suyunun temel faydaları şunlardır:

A. Artroskopik diz ameliyatlarım ve dizimin her birine yerleştirilen iki perçin nedeniyle yaptığım gibi artrit veya herhangi bir eklem ağrısı çekiyorsanız, kemik suyu içmek eklem sağlığını destekler ve rahatsızlığı azaltmaya yardımcı olabilir.
B. İçten dışa parlayan bir cilt istiyorsanız, önce sindirim sağlığınızı desteklemek için kemik suyu kullanın, çünkü doğal güzelliğimiz bağırsaklarımızla yakından bağlantılıdır.
C. Hamileyseniz veya hamile kalmaya hazırsanız süt ürünlerinin yanı sıra kemik suyu da kalsiyum kaynağıdır. Unutmayın, diyetinizden yeterince kalsiyum almazsanız, bu bebeğinizin gelişimini etkilemez çünkü bebeğiniz ihtiyacı olan kalsiyumu sadece kemiklerinizden alır.
D. Kemik suyu, doğal olarak çatlakları önlemeye ve bunlardan kurtulmaya yardımcı olan kollajen içerir. O pahalı kremlere ihtiyacın yok anne!
E. Kemik suyu, akşamdan kalma etkilerinin azalmasını destekleyen detoksifikasyonu destekler.

BALIK VE DENİZ ÜRÜNLERİ

1. Balık Kılçığı Suyu

İÇİNDEKİLER:
- 2 pound balık kafası veya karkası
- tatmak için tuz
- 7 – 8 litre su + haşlamak için ekstra
- 2 inç zencefil, dilimlenmiş
- 2 yemek kaşığı limon suyu

TALİMATLAR:
a) Balığı haşlamak için: Büyük bir tencereye su ve balık başlarını ekleyin. Tencereyi yüksek ateşte yerleştirin.
b) Kaynayınca altını kapatın ve suyunu atın.
c) Balıkları tekrar tencereye koyun. 7-8 litre su dökün.
d) Tencereyi yüksek ateşte yerleştirin. Zencefil, tuz ve limon suyu ekleyin.
e) Karışım kaynadığında, ısıyı azaltın ve bir kapakla örtün. 4 saat kaynatın.
f) Ateşten alın. Soğuyunca tel süzgeçle geniş bir kavanoza süzün.
g) 5-6 gün buzdolabında saklayın. Kullanılmayan et suyu dondurulabilir.

2. Bitkin

İÇİNDEKİLER:
- 2 kilo salamura veya tuzlanmış uskumru
- 1 kutu hindistan cevizi sütü
- 1 ince dilimlenmiş soğan
- 3 diş ezilmiş sarımsak
- 1 doğranmış domates
- 2 doğranmış taze soğan
- ½ ince dilimlenmiş Scotch Bonnet Biber
- Bir tutam taze veya kuru kekik
- 8 bardak su

TALİMATLAR:
a) Uskumrunun tüm kemiklerini çıkarın ve küçük parçalar halinde doğrayın.
b) Bir kaseye koyun ve üzerini örtmek için balığın üzerine kaynar su dökün.
c) 30 dakika bekletin ve ardından suyu boşaltın.
d) Hindistan cevizi sütünü bir tencereye alıp sarımsak ve domatesi ekleyin. taze soğan, iskoç kapya biberi, kuru soğan ve kekik.
e) Karışımı soğan yumuşayana kadar pişirin, ardından balığı derili tarafı aşağı gelecek şekilde ekleyin, ateşi kısın ve balık tamamen pişene kadar yaklaşık 10 dakika pişirin.

3. Deniz Mahsüllü Kinoa Salatası Suyu

İÇİNDEKİLER:
- 1 su bardağı pişmemiş kinoa
- 1 ½ su bardağı Tavuk Kemik Suyu
- 1 (6 ons) ton balığı bifteği
- 8 ons orta boy karides, soyulmuş ve kabuğu çıkarılmış
- 1 çay kaşığı Old Bay baharatı
- ½ çay kaşığı öğütülmüş karabiber
- 1 avokado, doğranmış
- ½ fincan kırmızı soğan, ince dilimlenmiş
- 2 turp, ince dilimlenmiş
- 1 serrano biber, dilimlenmiş
- ¼ bardak taze kişniş yaprağı, doğranmış
- Servis için limon dilimleri

GİYSİ İÇİN:
- ⅓ su bardağı sızma zeytinyağı
- 2 yemek kaşığı limon suyu
- 1 yemek kaşığı Dijon hardalı
- 1 çay kaşığı Old Bay baharatı
- ½ çay kaşığı öğütülmüş karabiber

TALİMATLAR:
a) Kinoayı orta boy bir tencereye koyun ve üzerini tavuk kemiği suyuyla kaplayın. Bir kaynamaya getirin, ardından ısıyı azaltın, örtün ve 12-14 dakika veya tüm et suyu emilene kadar pişirin. Ateşten alın ve 5 dakika daha kapağı kapalı tutun.

b) Ton balığı bifteğinin her iki tarafına biraz zeytinyağı sürün. ½ çay kaşığı Old Bay baharatı ve ¼ çay kaşığı öğütülmüş karabiber serpin. Kenara koyun.

c) Karidesleri orta boy bir kaseye koyun, ½ çay kaşığı Old Bay baharatı ve ¼ çay kaşığı öğütülmüş karabiber ekleyin. İyice karıştırın ve kenara koyun.

d) Bir dökme demir tavayı veya ızgarayı yağlayın ve orta-yüksek ateşte ısıtın. Kalbur ısındığında, üzerine tek kat halinde karides koyun ve ton balığı bifteği için biraz yer bırakın. Karidesin her bir tarafını 2 dakika rahatsız edilmeden pişirin.

e) Karides pişmeden bir dakika önce ton balıklı bifteği ızgaraya koyun; her iki tarafı da 30 saniye kavurun.
f) Ton balığı ve karidesi ocaktan alın, soğumaya bırakın ve küpler halinde kesin.
g) Avokado, soğan, turp, serrano biberini kesin ve kişniş doğrayın.
h) Küçük bir kapta, sos malzemelerini birleştirin ve iyice karıştırın.
i) Tüm malzemeleri geniş bir karıştırma kabına koyun. Üzerine pansumanı dökün. İyice karıştırın.
j) Servis yapın ve limon dilimleri ile servis yapın.

4. Beyaz Şarap Soslu Midye

İÇİNDEKİLER:
- 2 kilo midye
- 3 yemek kaşığı güneşte kurutulmuş domates
- 2 yemek kaşığı tuzsuz tereyağı
- 1 çay kaşığı pul biber
- ½ fincan soğan, doğranmış
- ½ bardak beyaz şarap
- 3 diş sarımsak, kıyılmış
- ½ su bardağı Tavuk Kemik Suyu
- tatmak için tuz
- Servis için limon dilimleri ve maydanoz

TALİMATLAR:

a) Tüm midyeleri soğuk suda yıkayarak temizleyin. Midyelerinizin zaten sakallı olup olmadığını kontrol edin. (Çiftlikte yetiştirilen midyelerin sakalları genellikle kesilir.) Değilse, midyenin yan tarafından çıkan bir grup kahverengi ipi çıkararak midyelerin sakalını çıkarın. Kabukları açık midye görürseniz, hafifçe tezgaha vurun. Kapatmayanları atın. Ayrıca kabukları çatlamış midyeleri de atın.

b) Tereyağını büyük, geniş tabanlı bir tavada veya tencerede (kapaklı) orta-yüksek ateşte eritin. Soğan, sarımsak ve bir tutam tuz ekleyin. Yarı saydam olana kadar soteleyin, yaklaşık 2 dakika.

c) Güneşte kurutulmuş domatesleri ve kırmızı biber pullarını ekleyin ve yaklaşık 30 saniye kokulu olana kadar soteleyin.

d) Tüm midyeleri tavaya koyun ve midyelerin üzerine beyaz şarap ve tavuk kemik suyu dökün.

e) Hemen kapağı kapatın ve 5 dakika pişmesine izin verin. Midyeleri dağıtmak için pişirme sırasında tavayı kapağı kapalı olarak bir veya iki kez sallayın.

f) 5 dakika sonra kapağını açıp midyeleri kontrol edin. Şimdiye kadar neredeyse hepsinin açılmış olması gerekir. Hala kapalı olanları atın. Çok fazla kapalınız varsa, kapağı tekrar kapatın ve 1-2 dakika daha pişmesine izin verin.

g) Biraz limon suyu sıkın, kıyılmış maydanozla süsleyin ve doğrudan tencereden servis yapın veya midye soslu spagetti üzerinde servis yapın.

5. Sağlıklı Balık Çorbası

İÇİNDEKİLER:

- 1 pound tilapia filetosu
- 1 pound sarı patates
- 12 ons havuç
- 1 küçük demet taze kişniş
- ½ fincan beyaz soğan, doğranmış
- 8 su bardağı Tavuk Kemik Suyu (4 karton)
- Zeytinyağı, tuz ve karabiber
- 2 çay kaşığı Old Bay Seasoning
- Servis için limon dilimleri

TALİMATLAR:

a) Fırını 350 ° F'ye ısıtın. Balıkları çözün ve bir kağıt havluyla kurulayın. Balıkları zeytinyağı ile fırçalayın. Her filetoya bir tutam tuz ve karabiber serpin.

b) Hazırlanan balık filetolarını fırın tepsisine üst üste gelmeyecek şekilde dizin. 14 dakika pişirin.

c) Balık pişerken büyük bir tencereye tavuk kemik suyunu ekleyin ve hızlı bir şekilde kaynatın.

d) Havuç ve patatesleri soyup doğrayın. Onları kaynayan kemik suyuna koyun, ardından ısıyı orta-yüksek seviyeye indirin. 15 dakika veya sebzeler yumuşayana kadar pişirin.

e) Sebzeleri ve yeteri kadar et suyunu bir karıştırıcıya aktarın, kişniş ve soğanı ekleyin ve 10 saniye veya pürüzsüz olana kadar karıştırın. Şimdi sağlıklı bir çorba tabanı yaptınız.

f) Çorba tabanını aynı tencereye geri koyun.

g) Pişmiş balığı küçük parçalara ayırmak için bir çatal kullanın ve balık parçalarını çorba tabanına aktarın.

h) Old Bay Seasoning'i ekleyin ve iyice karıştırın. Orta ateşte 5 dakika daha kaynatın.

i) Limon suyu ve kızarmış ekmek ile servis yapın.

DANA, KUZU VE DOMUZ ETİ

6. Et ve Sebze Suyu Çorbası

İÇİNDEKİLER:
- 16 ons domates sosu
- 1 kırmızı acı biber
- 1 tatlı kaşığı tuz
- 1 lahana, doğranmış
- 15 ons İngiliz bezelye
- 1 pound güveç sığır eti, kuşbaşı
- 1 çay kaşığı biber
- 7 su bardağı su
- 2 adet et suyu Çorba kemiği
- 4 patates, küp
- 4 havuç, doğranmış
- 17 ons bütün çekirdek mısır

TALİMATLAR:
a) Malzemeleri bir Crockpot'ta birleştirin.
b) 3 saat kısık ateşte pişirin.

7. Et suyu tenceresinde Et Suyu Çorbası Joumou

İÇİNDEKİLER:
- 1 su bardağı artı 1 yemek kaşığı damıtılmış beyaz sirke, bölünmüş
- 1 kiloluk dana incik, kuşbaşı ve sirke içinde durulanmış
- 2 şalgam, ince kıyılmış
- 1 yeşil Scotch bone veya habanero şili
- 1 pound güveç aynası sığır eti, küp haline getirilmiş ve sirke içinde durulanmış
- 1 su bardağı Epis Baharat Tabanı
- 1 orta boy calabaza kabağı, soyulmuş ve küp şeklinde doğranmış
- 3 adet patates, ince doğranmış
- 3 yemek kaşığı taze limon suyu
- 1 yemek kaşığı terbiyeli tuz
- 15 su bardağı et veya sebze suyu, bölünmüş
- 1 pound dana kemikleri
- 3 havuç, dilimlenmiş
- ½ yeşil lahana, çok ince dilimlenmiş
- 1 soğan, dilimlenmiş
- 1 kereviz sapı, iri kıyılmış
- 1 pırasa, sadece beyaz ve soluk yeşil kısımlar, ince kıyılmış
- 1 kekik dalı
- 2 yemek kaşığı zeytinyağı
- 1½ su bardağı rigatoni
- 6 bütün karanfil
- 1 çay kaşığı sarımsak tozu
- 1 çay kaşığı soğan tozu
- 2 ½ çay kaşığı koşer tuzu, artı daha fazlası
- ½ çay kaşığı taze çekilmiş karabiber, artı daha fazlası
- Bir tutam acı biber, artı daha fazlası
- 1 dal maydanoz
- 1 yemek kaşığı tuzsuz tereyağı

HİZMET ETMEK
- Gevrek Ekmek

TALİMATLAR:

a) Limon suyu, terbiyeli tuz ve Epis Baharat Bazını birleştirin.
b) Sığır eti ekleyin ve en az 30 dakika veya gece boyunca marine edin.
c) Çok Et Suyu tenceresinde 5 bardak et suyunu orta ateşte ısıtın.
d) Marine edilmiş dana eti ve kemikleri ekleyin, tencerenin kapağını kapatın ve yaklaşık 40 dakika pişirin.
e) Sığır etinin üzerine tencereye kabak koyun, üzerini kapatın ve 20 ila 25 dakika veya çatal yumuşayana kadar pişirin.
f) Squash'ı bir karıştırıcıya taşıyın. 4 bardak et suyu ekleyin ve pürüzsüz olana kadar püre haline getirin.
g) Tencereye geri getirin ve kaynatın.
h) Kalan 6 bardak et suyu, patates, havuç, lahana, soğan, kereviz, pırasa, şalgam, kırmızı biber, rigatoni, karanfil, sarımsak tozu, soğan tozu, tuz, karabiber, bir tutam kırmızı biber ve kalan sebzeleri ekleyin.
i) 30 dakika kaynatın.
j) Yağı, tereyağını ve son yemek kaşığı sirkeyi ekleyin.
k) Orta-düşük ısıda veya sığır eti aşırı derecede yumuşayana kadar 15-20 dakika daha pişirin.
l) Et Suyu Çorbasını, yanında ekmek olacak şekilde kaselere servis edin.

8. Dana Döş ve İşkembe Çorbası

İÇİNDEKİLER:

- 1 yeşil soğan, doğranmış
- 1 paket etli dana kemiği
- tatmak için baharat
- 1 ½ galon su

TALİMATLAR:

a) Sığır kuyruğunu su dolu bir kaba ekleyin ve ıslanmaya bırakın, fazla kanı alın, suyu 2-3 kez değiştirin.
b) Hazır olduğunuzda kemikleri büyük bir tencereye ekleyin ve üzerini 1 ½ galon su ile kapatın.
c) Ocağa koyun ve en az 6 saat pişirin, ne kadar uzun pişirirseniz lezzet ve et o kadar iyi olur.
d) Pişirirken üstte görünen yağı sıyırmaya devam edin, pişirirken su seviyesini 1 galon civarında tutun.
e) Bittiğinde, renk kremsi görünmelidir.
f) Baharatı düzeltin.
g) Öküz kuyruğu ile kaselerde servis yapın ve üzerine kıyılmış taze soğan serpin.

9. Miso suyu

İÇİNDEKİLER:

- 1 orta boy havuç (soyulmuş ve kabaca doğranmış)
- ½ soğan (soyulmuş ve kabaca doğranmış)
- ½ elma (özlü, soyulmuş ve kabaca kesilmiş)
- 1 sap kereviz (kabaca doğranmış)
- 3 diş sarımsak (soyulmuş)
- 120 ml hindistan cevizi yağı
- 2 yemek kaşığı susam yağı
- 340 gr kıyma
- 2 çay kaşığı taze zencefil (dilimlenmiş)
- 1 çay kaşığı sirke
- 2 yemek kaşığı soya sosu
- 1 çay kaşığı elma sirkesi
- 1 çay kaşığı tuz
- 1 yemek kaşığı susam
- 175 ml miso
- 175 ml kırmızı miso
- 475 ml tavuk veya sebze suyu

TALİMATLAR:

a) Havucu, soğanı, elmayı ve kerevizi ince ince doğrayın.

b) Orta ateşte büyük bir tavaya hindistancevizi yağı ve 1 çay kaşığı susam yağı koyun. Daha sonra doğranmış sebze ve meyveler tavada yaklaşık 10-12 dakika soğan yarı saydam olana ve elma hafifçe kızarana kadar kavrulur. Ardından ısıyı biraz azaltın.

c) Mead'i tavaya ekleyin ve bal likörü artık pembeleşene kadar yaklaşık 8-10 dakika bekleyin. Zencefil, soya sosu, elma sirkesi ve tuzu ekleyin ve her şeyi iyice karıştırın.

d) Tüm karışımı, et iyice öğütülene kadar mutfak robotuna koyun.

e) Susam tohumlarını ve misoyu karışıma ekleyin ve iyice karıştırın. Tutarlılık kalın bir macun gibi olmalıdır. Bu miso temelini oluşturur.

f) Sebze veya tavuk suyunu kaynatın. 6 çay kaşığı miso fondöten ekleyin.

g) Hazır Et Suyu Çorbasını iki kaseye (her biri yaklaşık 235 ml) koyun ve arzuya göre makarna ve sosları ekleyin.

10. Tonkotsu suyu

İÇİNDEKİLER:
- Seabura (pişmiş domuz filetosu)
- 700 gr domuz sırtı, şeritler halinde kesilmiş
- su

TONKOTSU SUYU
- 225 gr tavuk ayağı (yıkanmış, derisiz ve parmaksız)
- 3,6 - 4,5 kg boğum (kırık, kemik iliği için)
- 455 gr patates (soyulmuş ve kabaca doğranmış)
- 4,7 litre su
- Shiodare (tuzlu tat için)
- 1 büyük dikdörtgen parça kombu
- 2 küçük kurutulmuş Shiitake mantarı (ezilmiş)
- 946 ml su
- 2 çay kaşığı palamut gevreği
- 300 gr halı kabuğu
- 140 gr tuz
- Shoyu cesaret (soya sosu aroması için)

TALİMATLAR:
a) Başlamadan önce chashu'yu hazırlayın.
b) Seabura ile başlayın: Domuz filetosunu bir tencereye koyun ve üzerini suyla kapatın. Suyu kısa bir süre kaynatın ve 4 saat kaynamaya bırakın.
c) Tonkotsu et suyunun pişirilmesi: Suyu ayrı bir tencerede kaynatın. Tavuk ayaklarını haşlayın, kurutun ve domuz budu ve patatesle birlikte düdüklü tencereye koyun. Her şeyi 4,7 litre suyla örtün. Su ve diğer malzemelerin tencerenizin yarısından fazlasını doldurmamasına dikkat edin.
d) Tencereyi basınç valfinden buhar çıkana kadar ısıtın (bu 20 dakika kadar sürebilir). Yaklaşık bekleyin. Tencere buharla dolana kadar 10 dakika. Isıyı en yüksek seviyeye ayarlayın ve bir saat pişmesine izin verin.
e) Shiodare'nin Yapılışı: Orta boy bir tencere alın ve kombu, shiitake mantarları ve 950 ml suyu kaynatın. Isıyı azaltın ve yaklaşık 5 dakika idi. Kombu ve shiitake mantarlarını çıkarın ve sıvıyı temiz orta boy bir tencereye aktarın.

f) Palamut pullarını sıvıya ekleyin, kaynatın. 5 dakika kaynamaya bırakın. Palamut pullarını sıkın ve Et Suyu Çorbasından çıkarın. Et Suyu Çorbasını temiz orta boy bir tencereye koyun.

g) Et Suyu Çorbasını kaynatın ve halı istiridyelerini ekleyin. 5 dakika kaynamaya bırakın. Midyeleri süzgeçle çıkarın. Bir litre et suyunu yeni bir tencereye aktarın ve tuzu (140 gr) ekleyin.

h) Bir saat sonra düdüklü tencereyi ocaktan alın ve basıncını boşaltın. Kemik iliğini ortaya çıkarmak için domuz kemiklerini ezin. Her şeyi tekrar tekrar karıştırarak düşük sıcaklıkta bir saat daha pişirin.

i) Yemekle birlikte kullanmayı planladığınız Et Suyu Çorbası kaselerine birer çay kaşığı chashu ve shiodare ekleyin.

j) Kaynayan domuz sırtını ocaktan alıp suyunu süzün. Eti daha küçük parçalar halinde kesin (yaklaşık 5 cm). Doğramak için bütün eti parça parça kaba bir elekten geçirin. Seabura hazır.

k) Et Suyu Çorbasını düdüklü tencereden süzün ve ayrı bir tencereye alıp sıcak tutun. Et Suyu Çorbasını servis yapmadan hemen önce tekrar kaynatın.

l) Chashu'yu 6 mm'lik parçalar halinde kesin ve bir tavada çıtır çıtır olana kadar kızartın.

m) Et Suyu Çorbanızı bitirmek için, sıcak Tonkotsu Et Suyu Çorbasını (235 ml) Et Suyu Çorbası kasesine ekleyin. Her porsiyona bir çay kaşığı Seabura ekleyin. İsteğe göre makarna ve sosları ekleyin.

11. Berrak Soğan Suyu Çorbası

İÇİNDEKİLER:

- 6 su bardağı et suyu
- 2 soğan (doğranmış)
- 1 kereviz sapı (doğranmış)
- 1 havuç (soyulmuş ve doğranmış)
- 1 yemek kaşığı sarımsak (kıyılmış)
- ½ çay kaşığı zencefil (kıyılmış)
- 1 çay kaşığı susam yağı
- 1 su bardağı düğme mantar (çok ince dilimlenmiş)
- ½ su bardağı taze soğan (dilimlenmiş)
- tuz ve karabiber tatmak
- soya sosu tatmak için (isteğe bağlı)
- Sriracha'yı tatmak için (isteğe bağlı)

TALİMATLAR:

a) Bir tavada biraz yağda soğanları hafif karamelize olana kadar soteleyin. 10 dakika kadar.
b) Havuç, kereviz, sarımsak ve zencefil, susam yağı ve et suyunu ekleyin. Tuz ve karabiberle tatlandırın.
c) Kaynatın ve ardından 30 dakika pişirin.
d) Sebzeleri et suyundan süzün.
e) Kaselere bir avuç yeşil soğan ve ince dilimlenmiş mantar ekleyin. Üzerine Etli Çorbayı gezdirin.
f) İsteğe bağlı: Tatmak için biraz soya sosu ve sriracha ekleyin.

12. Camp Pot Kızartma Suyu

İÇİNDEKİLER:

- 4-6 Köy domuzu
- 4 orta boy soğan, soyulmuş ve yanlara doğru üçte dilimlenmiş
- 6-7 orta boy patates, soyulmuş ve ikiye bölünmüş
- 1 büyük paket bebek havuç
- ½ fincan kereviz parçaları
- tuz ve biber
- barbekü sosu (isteğe bağlı)

TALİMATLAR:

a) Kaburga, patates, soğan, havuç ve kerevizi büyük bir tencereye veya kavurma makinesine koyun. Hepsini suyla kaplayın. Tuz (yaklaşık 1 ½ çay kaşığı) ve karabiber (suyun üzerini orta ila hafifçe örtün).

b) Tencereyi ateşe koyun ve balık tutarken, yüzerken veya açık havada eğlenirken birkaç saat yavaşça pişmesine izin verin.

c) Döndüğünüzde akşam yemeği yapılır. Baharatlandırmak için eti sebzelerden çıkarın ve barbekü soslu tavaya koyun (et kemiklerden ayrılıyor); sosu ateşte yaklaşık 5-10 dakika karıştırın (en iyisi ballı barbekü sosu).

13. Domuz Ramen Suyu

İÇİNDEKİLER:

- 1,1 kilo domuz kemiği, etsiz, büyük parçalar halinde doğranmış
- 2 ¾ pound domuz paça, sadece bacak kısmı, daha küçük parçalar halinde doğranmış
- 1 tavuk karkası
- 5.3 ons domuz derisi
- 7 ½ litre su ve haşlamak için ekstra

TALİMATLAR:

a) Kemikleri haşlamak için: Büyük bir tencereye alın. İçine domuz paçası ve domuz kemiği koyun. Kemikleri örtecek kadar su dökün.

b) Tencereyi orta ateşin üzerine koyun. Yaklaşık 10 dakika kaynamaya bırakın. Ateşten alın. Kemiklerini ayıklayıp kenarda bekletin.

c) Suyu boşaltın ve tencereyi iyice durulayın.

d) Keskin bir bıçakla kemiklerdeki kan pıhtılarını ve pislikleri temizleyin. Hepsini çıkardığınızdan emin olun.

e) Büyük bir tencereye 7,5 litre su ekleyin. kaynatın. Kemikleri tencereye ekleyin. Ayrıca domuz derisi ekleyin.

f) Ateşi kısın ve kaynamaya bırakın.

g) Başlangıçta, pislik tepeye doğru yüzmeye başlayacaktır. Büyük bir kaşıkla köpüğü çıkarın ve atın. Fazla yağı da kesin.

h) Tencereyi bir kapakla kapatın ve yaklaşık 12-15 saat pişirin. Et Suyu miktarı azalmış olacak ve daha koyu ve biraz bulanık olacaktır.

i) Ateşten alın. Soğuyunca tel süzgeçle geniş bir kavanoza süzün.

j) 5-6 gün buzdolabında saklayın. Kullanılmayan et suyu dondurulabilir.

k) Servis yapmak için: İyice ısıtın. Tatlandırmak ve servis etmek için tuz ve karabiber ekleyin.

14. Kahverengi Et Suyu

İÇİNDEKİLER:
- 4 pound dana et suyu kemikleri
- 2 yemek kaşığı zeytinyağı
- 1 yemek kaşığı elma sirkesi
- 1 tutam taze maydanoz
- 1 kereviz sapı; üçe bölünmüş
- 1 küçük soğan; soyulmamış ve ikiye bölünmüş
- 2 diş sarımsak; kıyılmış
- 1 çay kaşığı kurutulmuş defne yaprağı
- ½ çay kaşığı bütün karabiber
- 1 çay kaşığı koşer tuzu

TALİMATLAR:
a) Fırın tepsisini zeytinyağı ile yağlayın ve üzerine dana kemiklerini yerleştirin.
b) Kemikleri 30 dakika 420 F'deki fırında kızartın. Kemikleri ters çevirin ve 20 dakika daha kızartın
c) Hazır potu maksimum çizginin bir inç altına kadar suyla doldurun
d) Tüm malzemeleri ekleyin; kavrulmuş dana kemikleri dahil, suya.
e) Kapağı sabitleyin. Basınç tahliye kolunu sızdırmaz konuma çevirin.
f) Manuel işlevini seçin; yüksek basınca ayarlayın ve süreyi 75 dakikaya ayarlayın
g) Bip sesi geldiğinde; Doğal Buharı 10 dakika bırakın ve anında tencerenin kapağını açın.
h) Hazırlanan Broth'u tel süzgeçten geçirin ve tüm katıları atın, Yüzeydeki tüm yağları alın ve sıcak servis yapın.

15. Et Suyu Çorbası

İÇİNDEKİLER:

- Biraz etli 2 veya 3 pound geyik kemiği
- 1-16 ons adet. Dondurulmuş Et Suyu Çorbası sebzeleri
- 1 yemek kaşığı maydanoz
- 1 diş sarımsak, kıyılmış
- Tuz ve biber
- 16 ons domates olabilir

TALİMATLAR:

a) Kemikleri bir Hollanda fırınına koyun ve üzerlerini çok az su ile kapatın. İki saat kaynatın. Kemikleri çıkarın ve kalan eti bir çatalla çekin. Herhangi bir büyük parçayı zarlayın. Broth'tan üç bardak ayırın ve gerisini atın.

b) Eti, dondurulmuş sebzeleri, maydanozu, sarımsağı, tuzu ve karabiberi ekleyin. Domatesleri ezin veya doğrayın ve kutudan çıkan meyve suyuyla birlikte tencereye koyun.

c) Karıştırın, hızlı kaynatın. Isıyı çok düşük seviyeye indirin, sıkıca kapatın ve bir saat pişirin. Gerekirse biraz su ekleyin.

d) Ardından biraz daha pul biber ekleyip servis yapın.

16. Kuzu & Patates Köri

İÇİNDEKİLER:

- 6 diş kıyılmış sarımsak
- 3 yemek kaşığı toz köri
- 2 yemek kaşığı taze, kıyılmış zencefil kökü
- 2 çay kaşığı garam masala baharat karışımı
- 1 çay kaşığı kırmızı biber, tütsülenmiş
- 1 çay kaşığı kekik, kurutulmuş
- 1 çay kaşığı kişniş, öğütülmüş
- 1 & ½ çay kaşığı tuz, koşer
- 1 çay kaşığı biber, öğütülmüş
- ¼ çay kaşığı kimyon, öğütülmüş
- 1 yemek kaşığı sıvı yağ, zeytin
- 1 çay kaşığı pul biber
- 2 pound kürek kemiği kuzu pirzolası
- 4 x ½"-küp kırmızı, orta boy patates
- 1 x 15 onsluk boşaltılmamış, doğranmış domates konservesi
- 1 su bardağı tavuk suyu, düşük sodyum
- 1 doğranmış küçük soğan
- İsteğe bağlı: servis için pişmiş, sıcak kahverengi pirinç

TALİMATLAR:

a) Büyük bir yemek torbasında 1 yemek kaşığı köri tozunu 3 diş sarımsak, 1 yemek kaşığı zencefil, 1 çay kaşığı garam masala baharat karışımı, kırmızı biber, kekik, kırmızı biber tozu, ½ çay kaşığı koşer tuzu, öğütülmüş karabiber ve kişniş, öğütülmüş kimyon ile birleştirin. ve yağ.

b) Kuzu pirzolaları poşete ekleyin. Torbayı kapatın ve pirzolaları torbayı çevirerek kaplayın. 8 saat buzdolabında bekletin.

c) Patates parçalarını yavaş bir tencereye koyun. Kuzu ekleyin.

d) Et suyu, domates, soğan ve kalan sarımsak ve baharatları mutfak robotuna yerleştirin. Üzerini örtün ve iyice karışana kadar işleyin.

e) Kuzu ve kuşbaşı patateslerin üzerine domates karışımını dökün. Yavaş pişiriciyi kapatın. Et yumuşayana kadar pişirin, 4 ila 5 saat. Eti kemiklerden ayırın ve kemikleri atın.

f) Eti 2 çatal kullanarak parçalayın. Pişirme suyunu süzün ve patatesleri ayırın. Meyve suyundan herhangi bir yağı alın. Kuzuyu, ayrılmış patatesleri ve pişirme suyunu yavaş pişiriciye geri koyun ve tamamen ısıtın. İstenirse pilavın üzerinde servis yapın.

17. Miso Domuz Eti ve Ramen

İÇİNDEKİLER:
- 1 inçlik yuvarlak şekillerde kesilmiş 2 kilo domuz paçası
- 2 pound tavuk, kemiksiz, şeritler halinde kesilmiş
- 2 yemek kaşığı yemeklik yağ
- 1 soğan, doğranmış
- 8-10 diş sarımsak, kıyılmış
- 1-inç zencefil dilimi, doğranmış
- 2 pırasa, doğranmış
- ½ pound taze soğan, beyaz ve yeşil kısmı ayrılmış, doğranmış
- 1 su bardağı mantar, dilimlenmiş
- 2 pound domuz omzu, kıyılmış
- 1 su bardağı miso ezmesi
- ¼ fincan şoyu
- ½ yemek kaşığı mirin
- Tuz, tatmak

TALİMATLAR:

1. Domuz eti ve tavuğu bir et suyu kabına aktarın ve üzerini geçecek kadar bol su ekleyin. Yüksek ateşte bir brülöre koyun ve kaynatın. Bittiğinde ısıdan çıkarın.
2. Biraz yemeklik yağı bir dökme demirde yüksek ateşte ısıtın ve soğan, sarımsak ve zencefili yaklaşık 15 dakika veya kızarana kadar pişirin. Kenara koyun.
3. Pişmiş kemikleri sebze, domuz budu, pırasa, yeşil soğan beyazı ve mantarlı bir tencereye aktarın. Soğuk su ile doldurun. 20 dakika yüksek ateşte kaynamaya bırakın. Isıyı azaltın ve kaynatın ve 3 saat boyunca bir kapakla örtün.
4. Şimdi omuzu bir spatula ile çıkarın. Ve bir kaba koyun ve soğutun. Kapağı tekrar tencereye koyun ve tekrar 6 ila 8 saat pişirin.
5. Et suyunu süzün ve katıları çıkarın. Misoyu, 3 yemek kaşığı shoyuyu ve biraz tuzu çırpın.
6. Domuzu parçalayın ve shoyu ve mirin ile atın. Tuzlu sezon.
7. Erişte üzerine biraz et suyu koyun ve üzerine yanmış sarımsak-susam-acı biber ekleyin.
8. Domuz eti kaselere koyun.
9. Yumurta ve diğer istenen ürünle doldurun.
10. Eğlence.

18. Jambon ve Fasulye Suyu Çorbası

İÇİNDEKİLER:

- 1 su bardağı Kurutulmuş Siyah Soya Fasulyesi (geceden ıslatılmış ve süzülmüş
- 1 su bardağı Soğan (doğranmış)
- 1 su bardağı Kereviz Sapı (doğranmış
- 4 diş Sarımsak (kıyılmış
- 1 çay kaşığı Kurutulmuş Kekik
- 1 çay kaşığı Tuz
- 1 çay kaşığı cajun baharatı
- 1 çay kaşığı sıvı duman
- 2 çay kaşığı Çok Amaçlı Baharat
- 1 çay kaşığı Louisiana Acı Sos
- 2 Jambon Diz
- 2 bardak Jambon (doğranmış
- 2 su bardağı Su

TALİMATLAR:

a) Tüm malzemeleri Instant Pot'a koyun ve birleştirmek için karıştırın.
b) Kapağı yerleştirip kilitleyin ve pişirme süresini manuel olarak yüksek basınçta 30 dakikaya ayarlayın.
c) Bittiğinde, basıncın doğal olarak 10 dakika serbest kalmasına izin verin ve ardından hızla bırakın.
d) Eti kemikten ayırın ve kemikleri atarak tüm eti parçalayın.
e) Birleştirmek için karıştırın ve sıcak servis yapın.

19. Baharatlı Kuzu Suyu

İÇİNDEKİLER:
- 2 kilo kuzu kemiği
- ½ çay kaşığı beyaz biber
- 1 çay kaşığı pul biber
- 2 çay kaşığı toz biber
- ¼ bardak kırmızı şarap sirkesi
- ¼ bardak kereviz, doğranmış
- 5 diş sarımsak
- 1 soğan, dilimlenmiş
- 1 çay kaşığı tuz

TALİMATLAR:
a) Tüm malzemeleri hazır tencereye ekleyin ve üzerini kapatacak kadar su dökün.
b) Tencerenin kapağını kapatın ve yavaş pişirme modunda 6 saat pişirin.
c) Basıncı 10 dakika doğal olarak serbest bırakın, ardından hızlı serbest bırakma yöntemini kullanarak serbest bırakın.
d) Et suyunu süzün ve saklayın.

20. Klasik Et Suyu

İÇİNDEKİLER:
- 2 kilo dana kemiği
- ½ çay kaşığı kuru fesleğen
- 1 çay kaşığı karabiber
- 4 diş sarımsak
- ½ su bardağı kereviz sapı, doğranmış
- 2 yemek kaşığı kırmızı şarap sirkesi
- 1 çay kaşığı deniz tuzu

TALİMATLAR:

a) Tüm malzemeleri hazır tencereye ekleyin ve üzerini kapatacak kadar su dökün.
b) Tencerenin kapağını kapatın ve 35 dakika yüksekte pişirin.
c) Basıncı 10 dakika doğal olarak serbest bırakın, ardından hızlı serbest bırakma yöntemini kullanarak serbest bırakın.
d) Et suyunu süzün ve saklayın.

21. Kereviz Kuzu Suyu

İÇİNDEKİLER:
- 2 kilo kuzu kemiği
- 1 çay kaşığı kuru kekik
- 2 yemek kaşığı elma sirkesi
- ½ bardak kereviz yaprağı
- 2 kereviz sapı, doğranmış
- 2 soğan, dilimlenmiş
- 1 çay kaşığı tuz

TALİMATLAR:
a) Tüm malzemeleri hazır tencereye ekleyin ve üzerini kapatacak kadar su dökün.
b) Tencerenin kapağını kapatın ve 15 dakika yüksekte pişirin.
c) Kapağı açmak yerine hızlı serbest bırakma yöntemini kullanarak basıncı serbest bırakın.
d) Et suyunu süzün ve saklayın.

22. tajine

İÇİNDEKİLER:
- Biraz zeytinyağı
- Biraz tereyağı
- 500 gr kıyılmış kuzu eti (kemiksiz)
- 1 soğan
- 1 parça taze zencefil kökü
- 1 adet tarçın (yaklaşık 5 cm)
- safran dokunuşu
- 200 gr kuru meyve
- 25 gr susam tohumu
- tatmak için tuz ve taze öğütülmüş karabiber

TALİMATLAR:
a) Et, soğan ve baharatları etler kahverengileşinceye kadar kavurun.
b) Bir tencereye et ve soğanı koyun.
c) Etlerin üzerini geçecek kadar su ilave edip tencerenin kapağını kapatın ve 1 saat kadar haşlayın.
d) Kurutulmuş meyveleri ekleyin ve 30 dakika daha güveç yapın.
e) Susam tohumlarını ızgarada veya kuru bir tavada kahverengi olana kadar kavurun.
f) Tarçını çıkarın ve tabağı kavrulmuş susamla kaplayın.

23. Domuz Eti ve Sebze Suyu

İÇİNDEKİLER:

- 2 pound otlatılmış domuz kemikleri
- ½ su bardağı havuç; kıyılmış
- ½ kap dolmalık biber
- ½ çay kaşığı bütün karabiber
- 8 su bardağı su
- 1 çay kaşığı kurutulmuş defne yaprağı
- 1 tutam taze maydanoz
- ½ su bardağı yeşil soğan; kıyılmış
- 1 kereviz sapı; üçe bölünmüş
- 1 küçük soğan; soyulmamış ve ikiye bölünmüş
- 1 çay kaşığı koşer tuzu

TALİMATLAR:

a) Suyu anlık tencereye dökün.
b) Tüm malzemeleri suya ekleyin. Anlık tencere kapağını kapatın ve basınç tahliye kolunu kapalı konuma çevirin.
c) Manuel işlevini seçin; yüksek basınca ayarlayın ve zamanlayıcıyı 20 dakikaya ayarlayın
d) Bip sesi geldiğinde; Doğal 10 dakika buharı bırakın ve anında tencere kapağını açın
e) Hazırlanan Broth'u tel süzgeçten geçirin ve tüm katıları atın, Yüzeydeki tüm yağları alın ve sıcak servis yapın.

24. Dana Biber Suyu

İÇİNDEKİLER:

- 4 pound dana et suyu kemikleri
- 1 su bardağı kırmızı dolmalık biber
- 2 yemek kaşığı zeytinyağı
- 2 diş sarımsak; kıyılmış
- ¼ çay kaşığı kırmızı biber gevreği
- 1 kereviz sapı; üçe bölünmüş
- 1 küçük soğan; soyulmamış ve ikiye bölünmüş
- ½ çay kaşığı bütün karabiber
- ¼ çay kaşığı zerdeçal zemin
- 1 çay kaşığı koşer tuzu

TALİMATLAR:

a) Fırın tepsisini zeytinyağı ile yağlayın ve üzerine dana kemiklerini yerleştirin.
b) Kemikleri 30 dakika 420 F'deki fırında kızartın. Kemikleri ters çevirin ve 20 dakika daha kızartın
c) Hazır potu maksimum çizgisinin bir inç altına kadar suyla doldurun.
d) Tüm malzemeleri ekleyin; suya kavrulmuş dana kemikleri dahil.
e) Kapağı sabitleyin. Basınç tahliye kolunu sızdırmaz konuma çevirin.
f) Manuel işlevini seçin; yüksek basınca ayarlayın ve süreyi 75 dakikaya ayarlayın
g) Bip sesi geldiğinde; Doğal Buharı 10 dakika bırakın ve anında tencerenin kapağını açın.
h) Hazırlanan Broth'u tel süzgeçten geçirin ve tüm katıları atın, Yüzeydeki tüm yağları alın ve sıcak servis yapın.

25. Baharatlı Et Suyu

İÇİNDEKİLER:
- 2 kilo dana kemiği
- ½ çay kaşığı kırmızı biber gevreği
- 2 çay kaşığı acı biber
- 3 yemek kaşığı kırmızı şarap sirkesi
- ¼ fincan soğan, doğranmış
- ¼ bardak kereviz, doğranmış
- ¼ fincan kereviz sapı, doğranmış
- 3 diş sarımsak
- 3 acı biber
- 1 çay kaşığı tuz

TALİMATLAR:
a) Tüm malzemeleri tencereye ekleyin ve üzerini geçecek kadar su ekleyin.
b) Tencerenin kapağını kapatın ve 35 dakika yüksekte pişirin.
c) Basıncı 10 dakika doğal olarak serbest bırakın, ardından hızlı serbest bırakma yöntemini kullanarak serbest bırakın.
d) Et suyunu süzün ve saklayın.

26. Asya usulü çekilmiş domuz sous vide

Yapar: 3 porsiyon

İÇİNDEKİLER:
- 1½ kg Kemiksiz domuz gerdanı
- 2½ çay kaşığı Beş baharat tozu
- ¼ su bardağı hoisin sosu
- 3 yemek kaşığı soya sosu
- 3 yemek kaşığı bal
- 2 yemek kaşığı Pirinç şarabı (Shaoxing pirinç şarabı)
- 2 yemek kaşığı Zencefil, daha taze, rendelenmiş
- 2 yemek kaşığı Sarımsak, preslenmiş
- 1 Limon, kabuğu

TALİMATLAR:
a) Bir sous vide pişiriciye, bir vakum cihazına ve bir vakum torbasına ihtiyacınız var. Sanırım çok yoğun bir dondurucu poşeti kullanabilirsiniz, ancak yoğunluğa pek güvenmem.
b) Kemikli domuz gerdanınız varsa, ya çıkarmanız ya da iki poşeti üst üste koymanız gerekir, böylece kemik çantada bir delik açmaz ve içine su girer.
c) Ya domuz boynunu bütün bırakın ya da kaba küpler halinde kesin. Önceki kesimin avantajı, et liflerinin uzunluğunun zaten belirlenmiş olmasıdır.
d) Marine sosu için kalan malzemeleri birlikte karıştırın.
e) Şimdi, sous-vide pişirme için yeterince büyük bir torbayı kesin ve cömert olun. Zaten bir dikişi vakumlu mühürleyici ile kaynaklayın ve eti torbanın ağzına koyun.
f) Sosu dökün ve sosu çıkarmamaya dikkat ederek torbayı vakumlayın.
g) Sous vide pişiriciye 70°C'de yeteri kadar su koyun. Isıya ulaşıldığında poşeti tamamen suya batacak şekilde yerleştirin.
İpucu: Zaman kazanmak için her zaman sıcak su ekliyorum. Eti 20-24 saat su banyosunda bırakın.
h) Bu arada, hala yeterli sıvı olup olmadığını ve hepsinden önemlisi, buhar oluşumu nedeniyle torbanın etten yüzerek çıkıp çıkmadığını kontrol ettiğinizden emin olun. Eğer öyleyse, şikayet

etmeli ve yüzeyin altına basmalısınız. Bunun için çatal-bıçak, maşa vb.

i) İsteğe bağlı: Hafif bir kabuk için, fırını maksimum sıcaklığa önceden ısıtın ve ızgarayı veya üst ısıyı ısıtın.

j) Piştikten sonra poşeti çıkarıp küçük bir köşe kesin ve sızan sıvıyı bir tencereye boşaltın. Eti torbadan çıkarın. Şimdi teorik olarak bitti ve alınabilir.

k) Veya hafif bir kabuk için etin dışını kurulayın. Fırına dayanıklı büyük bir kaba koyun ve hafif bir kabuk oluşana kadar fırında ızgara yapın. Ardından eti büyük bir kapta parçalayın. Bu çok kolay olmalı. Şimdi limonun kabuğunu ekleyin.

l) Eti deneyin: çok kuruysa biraz sıvı ekleyin. Aksi takdirde, ocakta sızan sıvıyı yavaşça kaynatın.

m) Bunu yapmak için, ısıya dayanıklı bir silikon spatula kullanarak sürekli karıştırmanız ve sosu tencerenin dibine taşımanız gerekir, çünkü sıvı bal ve hoisin sosu içerir - her ikisi de yanma eğilimindedir.

n) İstenilen kıvama gelince sos ete katılarak karıştırılabilir veya ayrı olarak servis edilebilir. Ben genellikle onları karıştırırım. Karışım ayrıca biraz su ile iyice gevşetilebilir.

27. Jamaika'dan Keçi Suyu

İÇİNDEKİLER:
- 2 pound (kemikler dahil) keçi eti - küpler halinde kesin
- (yerine kuzu eti kullanılabilir)
- 2 yemek kaşığı toz köri
- 2 adet doğranmış soğan
- 2 taze soğan (veya taze soğan)
- ½ çay kaşığı tuz
- ½ çay kaşığı biber
- 2 acı biber (Scotch bone harika çalışıyor)
- 1 yemek kaşığı taze rendelenmiş zencefil
- 6 diş kıyılmış sarımsak
- 2 dal taze kekik
- 1 yemek kaşığı tereyağı
- ½ pound doğranmış havuç
- ½ pound doğranmış patates
- ½ su bardağı su

TALİMATLAR:
a) Köri tozu, soğan, yeşil soğan, tuz, karabiber, kırmızı biber, zencefil, kekik ve yarım bardak suyu bir karıştırıcıda karıştırın. Malzemeler iyi karışmazsa daha fazla su ekleyin.
b) Karışımı et küplerine sürün, bir gece buzdolabında marine edin.
c) Marine edilmiş eti sıyırın ve sonraya saklayın.
d) Etleri ve tereyağını bir tavaya alıp hafifçe kavurun.
e) Eti bir tencereye koyun ve patatesleri, havuçları ve marineyi ekleyin, ardından etin üzerini geçecek kadar su ekleyin.
f) Bir kaynamaya getirin ve ardından et yumuşayana kadar kaynamaya bırakın (bu 1 - 1½ saat sürmelidir).

28. Dana Kemik Suyu

İÇİNDEKİLER:

- 3-4 kilo karışık otla beslenmiş dana kemiği
- 2 orta boy soğan, doğranmış
- 2 orta boy havuç, doğranmış
- 3 kereviz sapı, doğranmış
- 2 defne yaprağı
- 2 yemek kaşığı elma sirkesi
- 1 yemek kaşığı karabiber
- 8-10 su bardağı su

TALİMATLAR:

a) Fırını 400 ° F'ye ısıtın.

b) Karışık kemikleri bir kızartma tavasına tek kat halinde yerleştirin ve fırına yerleştirin. Kemikleri 30 dakika kızartın. Kemikleri ters çevirin ve 30 dakika daha kızartın.

c) Kemikler kızarırken havuç, soğan ve kerevizi doğrayın. Uzun saatler boyunca pişirdikten sonra bunları atacaksınız, bu yüzden kaba bir pirzola harika çalışıyor!

d) 6 litrelik bir güveçte kavrulmuş kemikler, doğranmış sebzeler, defne yaprağı, elma sirkesi ve karabiber koyun. Tamamen su ile örtün.

e) Örtün ve 24 saat kısık ateşte pişirin. Tüm malzemeleri su içinde tutmak için gerektiği kadar su ekleyin ve tencerenin üstündeki köpüğü periyodik olarak alın.

f) 24 saat sonra et suyu koyu kahverengi olmalıdır. Tüm katıları atın ve suyu ince gözenekli bir süzgeçten geçirerek büyük bir kaseye süzün. İstenirse kalan parçacıkları çıkarmak için tülbentten bir kez daha süzün.

g) Kemik suyunu Mason kavanozlara koyun ve oda sıcaklığına soğumaya bırakın. Kemik suyu buzdolabında iki haftaya kadar saklanabilir veya ileride kullanılmak üzere dondurulabilir. Kullanmadan önce yüzeyde biriken yağları sıyırın.

29. Baharatlı Yeşillikli Kemik Suyu

İÇİNDEKİLER:

- 4 ½ su bardağı kemik suyu
- 1 inç topuzu taze zencefil, dilimlenmiş
- 1 diş sarımsak, ezilmiş
- ½ çay kaşığı öğütülmüş zerdeçal, tatmak için
- 2 veya 3 tane karabiber
- tutam kırmızı biber
- tutam kimyon
- Toz kakule, isteğe bağlı
- 2 su bardağı kıyılmış koyu yapraklı yeşillik
- Kelt veya Pembe Himalaya tuzu, servis yaptıktan sonra kullanın

TALİMATLAR:

a) Yeşillikler hariç tüm malzemeleri bir tencereye ekleyin ve 10 ila 15 dakika kısık ateşte pişirin.

b) Katıları ince gözenekli bir süzgeçte süzün.

c) Et suyuna yeşillikleri ekleyin ve ıspanak gibi yumuşak yeşillikler için üzeri kapalı olarak 10 dakika bekletin. Lahana gibi daha lifli yeşillikler için, et suyunda 10 ila 15 dakika zar zor kaynatın.

30. Daikon ile Baharatlı Kuzu Yahni

İÇİNDEKİLER:
- 2 pound kuzu güveç eti, 2 inçlik parçalar halinde kesin
- 3 yemek kaşığı sızma zeytinyağı
- 5 diş sarımsak, soyulmuş ve ezilmiş
- 2 Thai chilis, dilimlenmiş
- ½ ons taze zencefil kökü, dilimlenmiş
- ¼ bardak Shaoxing şarabı veya şeri
- 3 yemek kaşığı koyu soya sosu
- 2 yemek kaşığı hafif soya sosu
- 1 su bardağı Tavuk Kemik Suyu
- 1 yemek kaşığı esmer şeker
- 2 çay kaşığı öğütülmüş kimyon
- 3 bütün yıldız anason
- 12 ons daikon, soyulmuş ve küp şeklinde
- 3 yemek kaşığı mısır nişastası
- Süslemek için doğranmış yeşil soğan

TALİMATLAR:
a) Büyük bir tencerede kuzu etini suyla kaplayın ve yaklaşık 5 dakika kaynatın. Temizlemek için süzün ve durulayın. Kenara koyun.

b) Aynı tencereyi durulayın ve tamamen kurutun veya büyük bir Hollanda fırını kullanın. Zeytinyağını orta ateşte yaklaşık 2 dakika ısıtın; sarımsak, kırmızı biber ve zencefil ekleyin. Bir dakika veya kokulu olana kadar soteleyin.

c) Hollandalı fırına kuzu ekleyin; sık sık karıştırarak 5 dakika pişirin.

d) Shaoxing şarabı veya şerisini, ardından koyu soya sosu, hafif soya sosu, tavuk kemiği suyu, kahverengi şeker ve öğütülmüş kimyon ekleyin. Yıldız anasonu tavaya bırakın ve yüksek ısıya geçin. Örtün ve kaynatın. Isıyı düşük seviyeye indirin, 1½ saat pişirin.

e) Pişirme bitmeden 45 dakika önce daikon'u kuzu yahnisine ekleyin, sosu kaplayacak şekilde karıştırın ve pişene kadar pişirmeye devam edin.

f) Mısır nişastasını ¼ bardak soğuk suda eritin ve kuzu yahnisine karıştırın. Güveç kalınlaştığında, ısıyı kapatın.

g) Yeşil soğan ile süsleyin ve pilav veya patates püresi üzerinde servis yapın.

31. Füme Paprika Dana Gulaş

İÇİNDEKİLER:

- 2 yemek kaşığı zeytinyağı
- 2 orta boy soğan, dilimlenmiş
- ¼ fincan füme İspanyol kırmızı biber
- 1 çay kaşığı deniz tuzu
- 1 (6 ons) domates salçası olabilir
- 4 çay kaşığı kıyılmış sarımsak
- 1 çay kaşığı öğütülmüş kimyon
- 2 yemek kaşığı mısır nişastası
- 1 ½ su bardağı Dana Kemik Suyu
- 1 defne yaprağı
- 3 pound sığır aynası göz kızartılmış, kesilmiş ve parçalar halinde kesilmiş
- 1 (10 ons) paket dondurulmuş tatlı bezelye
- ½ su bardağı ekşi krema

TALİMATLAR:

a) Yağı yapışmaz bir tavada orta-yüksek ateşte kaynayana kadar ısıtın. Soğan, kırmızı biber, tuz, salça, sarımsak ve kimyonu ekleyin. Soğanlar yumuşayana ve hafifçe kızarana kadar (yaklaşık 8-10 dakika) sık sık karıştırarak pişirin.

b) Mısır nişastasını karıştırın. Mısır nişastası eşit olarak dağılana kadar karıştırın.

c) Sığır kemik suyunu ilave edin ve karışım koyulaşana kadar karıştırın, kızartılmış parçaları kazıyın (yaklaşık 2-3 dakika).

d) Karışımı yavaş bir tencereye aktarın. Defne yaprağı ekleyin. Sığır eti tuz ve karabiberle hafifçe baharatlayın ve yavaş pişiriciye ekleyin. Örtün ve düşükte 8-10 saat veya yüksekte 5-7 saat pişirin.

e) Pişirme sıvısının birkaç dakika oturmasına izin verin ve büyük bir kaşık kullanarak yüzeyden mümkün olduğu kadar fazla yağı alın. Defne yaprağını da çıkarın.

f) Küçük bir kapta pişirme sıvısından 1 bardak ayırın. Bezelye ekleyin ve yavaş pişiriciyi 5 dakika daha kapatın.

g) Küçük kaseye ekşi krema ekleyin. İyice karışana kadar pişirme sıvısı ile karıştırın.

h) Bezelye yumuşadığında, ekşi krema karışımını tekrar yavaş pişiriciye karıştırın. Gulaşı yumurtalı erişte, pirinç veya patates üzerinde servis edin.

KANATLI HAYVANCILIK

32. Tavuk Ve Sebze Ramen Kasesi

İÇİNDEKİLER:
- 2 pound derisiz, kemikli tavuk göğsü
- ½ su bardağı kıyılmış taze nane
- 8 onsluk pişmiş erişte pirinç erİştesi paketi
- ½ su bardağı kıyılmış taze kişniş
- 6 su bardağı tuzsuz tavuk suyu
- 1 kırmızı Fresno şili, ince dilimlenmiş
- 3 yemek kaşığı beyaz miso
- ½ çay kaşığı koşer tuzu
- ¼ fincan ince dilimlenmiş yeşil soğan, sadece yeşil kısımlar
- 2 su bardağı ince kıyılmış lahana
- 1 yemek kaşığı kanola yağı
- 1½ bardak kibrit çöpü havuç
- 8 onsluk dilimlenmiş taze şitaki mantarı paketi
- 2 çay kaşığı kızarmış susam yağı

TALİMATLAR:
a) Yapışmaz bir tavada kanola yağını orta ateşte ısıtın.
b) Tavuğu hafifçe kızarana kadar her bir tarafta yaklaşık 3 dakika pişirin.
c) Tavuğu yavaş bir tencereye koyun.
d) Broth ve misoyu ekleyin.
e) Lahana, havuç ve mantarları bir karıştırma kabına ekleyin.
f) Kapağı kapalı olarak 3 saat veya tavuk bitene kadar pişirin.
g) Tavuğu yavaş pişiriciden çıkarın ve soğumaya bırakın.
h) Kemikleri çıkarın ve atın.
i) Tavuğu ısırık büyüklüğünde parçalara ayırın ve Crockpot'taki et suyu karışımına karıştırın.
j) Erişteleri altı kaseye dağıtın.
k) Erişte üzerine, tavuk ve et suyu karışımını kaşıkla.
l) Yeşil soğan, nane, kişniş ve şili dilimlerini eşit şekilde dağıtın.
m) Susam yağını her porsiyonun üzerine eşit şekilde gezdirin.

33. Karayip tavuk-sebze suyu çorbası

İÇİNDEKİLER:

- 1 su bardağı Doğranmış soğan
- ½ su bardağı kıyılmış kereviz
- ½ su bardağı kırmızı ve yeşil biber, doğranmış
- ½ çay kaşığı Kuru kekik
- 1 su bardağı Su
- 2 defne yaprağı
- 1 çay kaşığı pul biber
- ½ çay kaşığı köri tozu
- ¼ çay kaşığı Öğütülmüş yenibahar
- 4½ su bardağı Düşük sodyumlu tavuk suyu, yağı alınmış
- ⅛ çay kaşığı Taze çekilmiş karabiber
- 1¼ pound Derisiz yarım tavuk göğsü, kemikli
- ¼ bardak Beyaz pirinç, kuru ölçü
- 14½ ons Siyah fasulye, pişmiş, durulanmış ve süzülmüş

TALİMATLAR:

a) Yağ, kereviz, kırmızı veya yeşil biber ve soğanı büyük bir tencerede birleştirin.
b) Yüksek ateşte sık sık karıştırarak sebzeleri 5 dakika pişirin.
c) Et suyuna karıştırarak su, defne yaprağı, pul biber, köri tozu, kekik, yenibahar ve karabiberi ekleyin.
d) Tavuğu ekledikten sonra kaynatın.
e) 25 dakika veya tavuk iyice pişene kadar pişirin. Düzenli olarak karıştırın.
f) Tavuk işlenecek kadar soğuduğunda, bir kenara koyun.
g) Tavukları kemiklerini çıkardıktan sonra lokma büyüklüğünde doğrayın.
h) Fasulye ve pirinci tencereye ekleyin.
i) 15 dakika veya pirinç yumuşayana kadar pişirin.
j) Tavuğu tekrar tencereye koyun, ardından 5 dakika pişirin.
k) Defne yapraklarını atın.
l) Üzerine yağsız yoğurt ve doğranmış kırmızı biber serperek servis yapın.

34. Bağışıklık Suyu Çorbası

İÇİNDEKİLER:

- 2 yemek kaşığı zeytinyağı
- 1½ bardak doğranmış soğan
- 3 kereviz sapı, ince dilimlenmiş
- 2 havuç, ince dilimlenmiş
- 1 kiloluk dilimlenmiş D vitamini ile geliştirilmiş mantarlar
- 10 diş sarımsak, kıyılmış
- 8 su bardağı tuzsuz tavuk suyu
- 4 kekik dalı
- 2 defne yaprağı
- 15 ons tuzsuz nohut konservesi, süzülmüş
- 2 pound derisiz, kemikli tavuk göğsü
- 1½ çay kaşığı koşer tuzu
- ½ çay kaşığı öğütülmüş kırmızı biber
- 12 ons kıvırcık lahana, sapları çıkarıldı, yırtık yapraklar

TALİMATLAR:

a) Yağı Hollandalı bir fırında orta ateşte ısıtın.
b) Soğanı, kerevizi ve havucu ekleyin; ara sıra karıştırarak 5 dakika pişirin.
c) Mantar ve sarımsakla sık sık karıştırarak 3 dakika pişirin.
d) Et suyunu, kekiği, defne yaprağını ve nohutu ekleyip kaynatın.
e) Tavuğu, tuzu ve kırmızı biberi ekleyin; örtün ve 25 dakika veya tavuk bitene kadar pişirin.
f) Eti iki çatalla parçalayın; kemikleri atın.
g) Tavuğu ve lahanayı karıştırın; örtün ve 5 dakika pişirin.
h) Kekik dallarını ve defne yapraklarını çıkarın.

35. Tonyu suyu

İÇİNDEKİLER:

- 500 gr hindi kemiği (kırık)
- 1 litre soya sütü
- 20 gr zencefil (dilimlenmiş)
- 1 dal pırasa (ince kıyılmış)
- tuz
- 400 ml su

TALİMATLAR:

a) Büyük bir tencereye hindi kemiklerini, pırasayı, zencefili ve 400 ml suyu ekleyin.
b) Kapak kapalıyken her şeyin yaklaşık 15 dakika pişmesine izin verin.
c) Kapağı açın ve et suyu yakl. 100-150 ml.
d) Soya sütünü ekleyin ve 10 dakika daha pişmesine izin verin. Uyarı: soya sütü kolayca yanar.
e) Et suyunu süzün. Her biri 235 ml'yi bir Et Suyu Çorbası kasesine koyun. İsteğe göre makarna ve sosları ekleyin.

36. Tavuk ve Parmesan ile Et Suyu Çorbası

İÇİNDEKİLER:
- 2 pound bütün tavuk, parçalar halinde kesilmiş
- 3 ons tam yağlı süt
- 1 çay kaşığı taze limon suyu
- ½ çay kaşığı rendelenmiş taze zencefil
- 2 diş sarımsak, kıyılmış
- 4 ons süzme peynir, oda sıcaklığında
- 2 muz arpacık, soyulmuş ve doğranmış
- 1 havuç, doğranmış
- 2 yemek kaşığı tereyağı
- 1 yemek kaşığı kuru biberiye
- ¼ çay kaşığı öğütülmüş karabiber
- Tatmak için deniz tuzu
- 4 su bardağı tavuk suyu, düşük sodyum
- ½ fincan Parmesan peyniri, tercihen taze rendelenmiş
- 1 yemek kaşığı kıyılmış taze maydanoz

TALİMATLAR:
a) Bir karıştırma kabına tavuk parçalarını, sütü, limon suyunu, zencefili ve sarımsağı koyun; buzdolabında 1 saat marine edelim.
b) Tavuğu marine ile birlikte Instant Pot'unuza ekleyin. Süzme peynir, arpacık soğan, havuç, tereyağı, biberiye, karabiber, tuz ve tavuk suyu ekleyin.
c) Kapağı sabitleyin. "Broth Soup" düğmesine basın ve 35 dakika pişirin. Pişirme tamamlandığında, hızlı bir basınç tahliyesi kullanın.
d) Tavuğu pişirme sıvısından çıkarın. Kemikleri atın ve tavuğu Instant Pot'a geri ekleyin.
e) Sıcak pişirme sıvısına taze rendelenmiş Parmesan peyniri ekleyin; eriyene ve her şey iyice birleşene kadar karıştırın. Bireysel servis kaselerine koyun, taze maydanozla süsleyin ve tadını çıkarın!

37. Shoyu suyu

İÇİNDEKİLER:
- 4 çay kaşığı hindistan cevizi yağı
- 2 orta boy havuç (soyulmuş ve kabaca doğranmış)
- ½ soğan (soyulmuş ve kabaca doğranmış)
- 3 taze soğan (dilimlenmiş)
- 1 elma (özlü, soyulmuş ve kabaca kesilmiş)
- 2 kereviz sapı (kabaca kesilmiş)
- 5 diş sarımsak (soyulmuş)
- 5 adet kurutulmuş şitaki mantarı (küçük parçalara ayrılmış)
- 1 bütün tavuk
- 4 öküz kuyruğu parçası (her biri yaklaşık 5 cm)
- 1 limon (dörde bölünmüş)
- 2,2 litre düşük sodyumlu tavuk suyu
- 175 ml soya sosu
- 4 yemek kaşığı dashi granülleri
- 2 çay kaşığı tuz
- ½ çay kaşığı beyaz biber
- 1 defne yaprağı

TALİMATLAR:
a) Tencereye hindistancevizi yağı, havuç, soğan, elma, kereviz, Knoblauch ve kurutulmuş Shiitake Yığını koyun.
b) Sonra bütün tavuğu, öküz kuyruğunu ve limonu ekleyin. Hollandalı fırını 8-10 saat fırına koyun ve 90 ° C'ye ısıtın. Öküz kuyruğu kemikten kolayca ayrıldığında, tamamdır.
c) Daha kaba parçaları çıkarmak için oluklu bir kaşık kullanın. Kalanını geniş bir tencereye süzün. Artık kahverengi, parlak, yüksek yağlı bir Et Suyu Çorbanız olmalı.
d) Et Suyu Çorbasını bir tencerede kaynatın. Her bir Et Suyu Çorbası kasesine 235 ml Et Suyu Çorbası koyun. İsteğe göre makarna ve sosları ekleyin.

38. Şio suyu

İÇİNDEKİLER:
- 1 orta boy havuç (soyulmuş ve kabaca doğranmış)
- ½ soğan (soyulmuş ve kabaca doğranmış)
- 3 taze soğan (dilimlenmiş)
- ½ elma (özlü, soyulmuş ve kabaca kesilmiş)
- 1 kereviz sapı (kesilmiş)
- 3 diş sarımsak
- 5 adet taze şitaki mantarı
- 120 ml hindistan cevizi yağı
- 1 çay kaşığı susam yağı
- 3 yemek kaşığı dashi granülleri
- 2 çay kaşığı tuz

ET SUYU:
- 2 çay kaşığı tuzsuz tereyağı (porsiyon başına)
- Düşük sodyumlu tavuk veya sebze suyu (porsiyon başına 235 ml)
- Mirin (tatlı pirinç şarabı; porsiyon başına 2 çay kaşığı)
- 1 büyük dikdörtgen parça kombu (yaklaşık 25 cm uzunluğunda, kabaca kesilmiş)
- Kurutulmuş shiitake mantarları (ezilmiş; porsiyon başına 2 mantar)

TALİMATLAR:

a) Havuç, soğan, taze soğan, elma, diş sarımsak ve taze shiitake mantarlarını bir mutfak robotuna koyun ve her şeyi bir macun oluşana kadar doğrayın.

b) Hindistan cevizi yağı ve susam yağını orta boy bir tencerede orta ateşte ısıtın. Meyve ve sebze ezmesini ekleyin ve yaklaşık 10-12 dakika pişirin. Ardından dashi granüllerini ve tuzu ekleyin. İyice karıştırın.

c) Et suyu için, tereyağını büyük bir tencereye alın ve orta ateşte ısıtın. Tereyağı hafif kahverengileşmeye ve ceviz kokusu almaya başlayınca tavuk veya sebze suyu, mirin, kombu ve kurutulmuş shiitake mantarlarını ekleyin. Kaynatın.

d) Ardından ısıyı azaltın ve 15 dakika kaynamaya bırakın. Daha kaba parçaları çıkarmak için oluklu bir kaşık kullanın. Shio sebze ve meyve tabanını ekleyin.

e) Her biri 235 ml'yi bir Et Suyu Çorbası kasesine koyun. İsteğe göre makarna ve sosları ekleyin.

39. Tavuk Karalahana Suyu

İÇİNDEKİLER:
- 2½ pound tavuk (sadece kemikler
- 1 küçük soğan; soyulmamış ve ikiye bölünmüş
- 1 çay kaşığı kurutulmuş defne yaprağı
- 1 kereviz sapı; üçe bölünmüş
- 1 dal taze lahana
- 8 su bardağı su
- Tatmak için tuz ve karabiber

TALİMATLAR:
a) Suyu anlık tencereye dökün.
b) Tüm malzemeleri suya koyun. Anlık tencere kapağını kapatın ve basınç tahliye kolunu kapalı konuma çevirin.
c) Manuel işlevini seçin; yüksek basınca ayarlayın ve zamanlayıcıyı 60 dakikaya ayarlayın
d) Bip sesi geldiğinde; Doğal Buharı 10 dakika bırakın ve anında tencerenin kapağını açın.
e) Hazırlanan Broth'u tel süzgeçten geçirin ve tüm katıları atın, yüzeydeki tüm yağları alın ve sıcak olarak servis yapın.

40. Tavuk Erişte Suyu Çorbası

İÇİNDEKİLER:

- 3 ½ pound etlik/fritöz tavuk, doğranmış ve derisi yüzülmüş
- 2 orta havuç, soyulmuş ve doğranmış
- ½ c. Soğan, doğranmış
- 2 kereviz sapı, doğranmış
- 2 ½ çay kaşığı tuz
- 2 çay kaşığı kurutulmuş maydanoz gevreği
- ¾ çay kaşığı kurutulmuş mercanköşk yaprağı
- ½ çay kaşığı kurutulmuş fesleğen yaprağı
- ¼ çay kaşığı tavuk baharatı
- ¼ çay kaşığı biber
- 1 defne yaprağı
- 8 c. su
- 2 ½c. orta boy yumurtalı erişte, pişmemiş

TALİMATLAR:

a) Listelenen sırayla ilk 4 malzemeyi güveç kabına yerleştirin. Tuzu birleştirin ve sonraki 6 malzemeyi sebzelerin üzerine serpin. 6 su bardağı su ekleyin; örtün ve düşük ayarda 8 ila 10 saat pişirin. Tavuğu ve defne yaprağını çıkarın; kalan 2 su bardağı suyu ekleyin. Erişteleri karıştırın ve üstü kapalı olarak yüksek ayarda 20 dakika pişirin.

b) Bu arada tavuğun kemiklerini çıkarın ve tavuğu ısırık büyüklüğünde doğrayın. Güveç kabına ekleyin, karıştırmak için karıştırın.

c) 15 dakika yüksek ayarda, üzeri kapalı olarak veya erişteler yumuşayana kadar pişirin.

41. Güney Türkiye Et Suyu Çorbası

İÇİNDEKİLER:

- 2 çay kaşığı hindistan cevizi yağı
- 2 soğan, doğranmış
- 2 diş sarımsak, ince kıyılmış
- ½ çay kaşığı taze rendelenmiş zencefil
- 2 domates, doğranmış
- 1 kereviz sapı, doğranmış
- 1 çay kaşığı kuru fesleğen
- 1/2 çay kaşığı kurutulmuş biberiye
- 1 defne yaprağı
- ¼ çay kaşığı taze çekilmiş karabiber
- ½ çay kaşığı kırmızı biber gevreği, ezilmiş
- Tatmak için deniz tuzu
- 3 hindi budu
- 4 su bardağı kavrulmuş sebze suyu
- 1/4 su bardağı taze maydanoz, ince kıyılmış

TALİMATLAR:

a) Instant Pot'u ısıtmak için "Sote" düğmesine basın. Şimdi yağı ısıtın. Soğanı ve sarımsağı yumuşayana ve aroması çıkana kadar pişirin.

b) Rendelenmiş zencefil, domates, kereviz, fesleğen, biberiye, defne yaprağı, karabiber, kırmızı biber, tuz, hindi butları ve sebze suyunu ekleyin.

c) Kapağı sabitleyin. "Manuel" ayarını seçin ve Yüksek basınçta 15 dakika pişirin. Pişirme tamamlandığında, hızlı bir basınç tahliyesi kullanın; kapağı dikkatlice çıkarın.

d) Et Suyu Çorbasından hindi butlarını çıkarın; kemikleri atın, eti parçalayın ve Hazır Tencereye geri koyun.

e) Taze maydanozu ekleyin ve iyice karıştırın. Bireysel kaselerde servis yapın. Afiyet olsun!

42. Sülün ve Pirinç Suyu Çorbası

İÇİNDEKİLER:
- 1 soslu sülün, parçalar halinde kesilmiş
- Su kapsayacak şekilde

Et suyu çorbası:
- 1 adet et suyu
- 1 havuç doğranmış (1/3 to! c.)
- 2 yemek kaşığı doğranmış soğan
- t c. doğranmış kereviz
- 1 su bardağı doğranmış pişmiş sülün
- 2 yemek kaşığı pirinç
- I çay kaşığı kereviz tuzu
- ! tatmak için çay kaşığı tuz veya daha fazlası
- t çay kaşığı biber

TALİMATLAR:

a) **Sülün için:** Et yumuşayana ve kemiklerinden kolayca ayrılana kadar 30 ila 40 dakika kaynatın. Serin. Eti kemiklerinden ayırın ve suyu süzün.

b) **Etli Çorba için:** Tüm malzemeleri birleştirin ve 15 dakika pişirin. Bu önceden yapılabilir ve servis yapmak için tekrar ısıtılabilir. Gevrek kraker ile servis yapın.

43. Tavuk Kemik Suyu

İÇİNDEKİLER:
- 1 tavuk kemiği
- 6 su bardağı su
- ¼ bardak elma sirkesi
- 1 yemek kaşığı deniz tuzu

TALİMATLAR:
a) Tüm malzemeleri anında tencereye ekleyin.
b) Tencerenin kapağını kapatın ve manuel modda 60 dakika pişirin.
c) Basıncı 10 dakika doğal olarak serbest bırakın, ardından hızlı serbest bırakma yöntemini kullanarak serbest bırakın.
d) Et suyunu süzün ve saklayın.

44.   Tavuk ve Hindistan cevizi suyu çorbası

İÇİNDEKİLER:

- 2 diş sarımsak, kıyılmış
- 2 yemek kaşığı bitkisel yağ
- 4 yemek kaşığı toz köri
- 3 su bardağı tavuk suyu
- iki adet 14 onsluk kutu şekersiz hindistan cevizi sütü
- 1 su bardağı su
- 2 sap limon otu, dış yapraklar atılmış, uçları kesilmiş ve alt sapların 5 inç kıyılmış
- on ⅛ inç kalınlığında dilimlenmiş soyulmuş taze zencefil kökü
- 1 çay kaşığı karabiber
- Derisi ve kemikleri ile 1 bütün tavuk göğsü (yaklaşık 1 pound)
- ½ pound kurutulmuş çubuk pirinç eriştesi (pirinç eriştesi)
- 6 yemek kaşığı taze limon suyu
- Nuoc mam gibi 6 yemek kaşığı Asya balık sosu
- ⅓ su bardağı kıyılmış taze kişniş
- İstenirse tatmak için Asya biber yağı

TALİMATLAR:

a) Ağır bir tencerede sarımsağı bitkisel yağda orta derecede kısık ateşte kokulu olana kadar karıştırarak pişirin, köri tozunu ekleyin ve karışımı 30 saniye karıştırarak pişirin. Et suyunu, hindistancevizi sütünü, suyu, limon otunu, zencefil kökünü ve karabiberleri ilave edin ve karışımı kaynatın. Tavuğu ekleyin ve 20 dakika veya tamamen pişene kadar çıplak bir kaynamada haşlayın. Tavuğu oluklu bir kaşıkla bir kaseye aktarın ve haşlama karışımını sıcak tutarak soğumaya bırakın.

b) Tavuk soğurken geniş bir kapta erişteleri üzerini geçecek kadar ılık suda 5 dakika bekletin, süzün ve büyük bir tencerede tuzlu kaynar suda 5 dakika pişirin. Erişteleri bir kevgir içinde süzün, soğuk su altında durulayın ve iyice süzün.

c) Tavuğun derisini ve kemiklerini atın, eti parçalayın ve limon suyu ve balık sosu ile haşlama karışımına karıştırın. Et Suyu Çorbasını orta ateşte, kaynayıncaya kadar karıştırarak pişirin, erişteleri 6-8 kaseye bölün ve Et Suyu Çorbasını üzerlerine gezdirin. Et Suyu Çorbasına kişniş serpin ve üzerine kırmızı biber yağı gezdirin.

45. Mantarlı Tavuk Suyu Çorbası

İÇİNDEKİLER:

- 2 yemek kaşığı hindistan cevizi yağı
- 1 ½ bardak doğranmış soğan
- 3 kereviz sapı, ince dilimlenmiş
- 2 büyük havuç, ince dilimlenmiş
- 1 pound önceden dilimlenmiş D vitamini ile geliştirilmiş mantarlar
- 10 orta boy sarımsak, kıyılmış
- 8 su bardağı tuzsuz tavuk suyu
- 4 kekik dalı
- 2 defne yaprağı 1 konserve tuzsuz nohut, süzülmüş
- 2 pound derisiz, kemikli tavuk göğsü
- 1 ½ çay kaşığı koşer tuzu
- ½ çay kaşığı öğütülmüş kırmızı biber
- 12 ons kıvırcık lahana, sapları çıkarıldı, yırtık yapraklar

TALİMATLAR:

a) Büyük bir Hollanda fırınında, yağı orta ateşte ısıtın.

b) Soğanı, kerevizi ve havucu ekleyin; ara sıra karıştırarak 5 dakika pişirin. Mantarları ve sarımsağı ekleyin ve sık sık karıştırarak 3 dakika pişirin.

c) Et suyunu, kekiği, defne yaprağını ve nohutu ekleyin; kaynatın. Tavuğu, tuzu ve kırmızı biberi ekleyin; örtün ve yaklaşık 25 dakika veya tavuk bitene kadar pişirin.

d) Tavuğu Hollandalı fırından çıkarın ve biraz soğumaya bırakın. 2 çatalla eti parçalayın; kemikleri atın.

e) Tavuğu ve lahanayı karıştırın; örtün ve 5 dakika veya lahana zar zor yumuşayana kadar pişirin.

f) Defne yapraklarını ve kekik dallarını çıkarın.

g) Sert.

46. Otlu Tavuk Suyu

İÇİNDEKİLER:
- 2½ pound tavuk kemikleri
- 1 küçük soğan; soyulmamış ve ikiye bölünmüş
- 1 çay kaşığı kurutulmuş defne yaprağı
- 1 tutam taze maydanoz
- ½ çay kaşığı bütün karabiber
- ¼ çay kaşığı kekik
- ¼ çay kaşığı kuru fesleğen
- 8 su bardağı su
- 1 çay kaşığı deniz tuzu

TALİMATLAR:
a) Suyu anlık tencereye dökün.
b) Tüm malzemeleri suya koyun
c) Anlık tencere kapağını kapatın ve basınç tahliye kolunu kapalı konuma çevirin.
d) Manuel işlevini seçin; yüksek basınca ayarlayın ve zamanlayıcıyı 60 dakikaya ayarlayın
e) Bip sesi geldiğinde; Doğal Buharı 10 dakika bırakın ve anında tencerenin kapağını açın.
f) Hazırlanan Broth'u tel süzgeçten geçirin ve tüm katıları atın, yüzeydeki tüm yağları alın ve sıcak olarak servis yapın.

47. Hindistan Cevizi Sütünde Acılı Tavuk

İÇİNDEKİLER:

- 1 pound kemiksiz ve derisiz tavuk, kuşbaşı
- 1 yemek kaşığı kırmızı biber sambal
- 3 yemek kaşığı tereyağı
- ½ çay kaşığı hardal tohumu
- 8 taze köri yaprağı
- 2 çay kaşığı Zencefil-Sarımsak Ezmesi
- 2 küçük domates, doğranmış
- ½ çay kaşığı zerdeçal tozu
- Tatmak için sofra tuzu
- Su, gerektiği gibi
- Hindistan cevizi sütü, garnitür için

TALİMATLAR:

a) Bir kasede tavuk ve sambalı birleştirin. 15 dakika kenara koyun.
b) Orta boy bir tavada yağı kızdırın. Hardal tohumlarını ekleyin; sıçramaya başlayınca köri yapraklarını, zencefil ezmesini ve domatesleri ekleyin.
c) Yaklaşık 8 dakika soteleyin ve ardından zerdeçal ve tuzu ekleyin ve iyice karıştırın. Yaklaşık 1 su bardağı su ekleyin ve kapağı açık olarak 10 dakika pişirin.
d) Tavuğu ekleyin (tüm kırmızı biberli sambal ile birlikte) ve orta ateşte tavuk tamamen pişene kadar yaklaşık 5 dakika pişirin.
e) Hindistan cevizi sütü ile süsleyip sıcak servis yapın.

48. Gökkuşağı Sebzeli Tavuk Suyu Çorbası

İÇİNDEKİLER:

- 2 yemek kaşığı zeytinyağı
- 1 pound tavuk davul
- 1 sarı soğan, doğranmış
- 2 diş sarımsak, kıyılmış
- 1 adet kırmızı dolmalık biber, çekirdekleri çıkarılmış ve dilimlenmiş
- 1 yeşil dolmalık biber, tohumlanmış ve dilimlenmiş
- 1 portakal dolmalık biber, tohumlanmış ve dilimlenmiş
- 1 havuç, ince dilimlenmiş
- 1 yaban havucu, ince dilimlenmiş
- ¼ bardak Gül şarabı
- Arzunuza göre deniz tuzu ve karabiber
- ½ çay kaşığı kuru dereotu
- ½ çay kaşığı kurutulmuş kekik
- 1 yemek kaşığı granül tavuk bulyon
- 4 su bardağı su

TALİMATLAR:

a) Instant Pot'unuzu ısıtmak için "Sote" düğmesine basın; şimdi yağı cızırdayana kadar ısıtın. Ardından, soğan ve sarımsağı yumuşayana ve kokulu olana kadar soteleyin.
b) Biber, havuç ve yaban havucu ekleyin; 3 dakika daha veya sebzeler yumuşayana kadar pişirin. Instant Pot'unuzun dibini cilalamak için biraz gül şarabı ekleyin.
c) Ardından, kalan malzemeleri karıştırın; iyice birleştirmek için karıştırın.
d) Kapağı sabitleyin. "Broth Soup" modunu ve Yüksek basıncı seçin; 20 dakika pişirin. Pişirme tamamlandığında, hızlı bir basınç tahliyesi kullanın. Kapağı dikkatlice çıkarın.
e) Tavuk kanatlarını pişirme sıvısından çıkarın; kemikleri atın ve eti doğrayın.
f) Tavuk etini Instant Pot'a geri ekleyin, karıştırın ve sıcak servis yapın. Afiyet olsun!

49. Sıcak Tavuk Suyu Çorbası

İÇİNDEKİLER:

- 2 yemek kaşığı üzüm çekirdeği yağı
- 2 muz arpacık, doğranmış
- 4 diş sarımsak, kıyılmış
- 1 su bardağı Cremini mantarı, dilimlenmiş
- 2 dolmalık biber, çekirdekleri çıkarılmış ve dilimlenmiş
- 1 serrano biber, tohumlanmış ve dilimlenmiş
- 2 olgun domates, püre
- 1 çay kaşığı porçini tozu
- 2 yemek kaşığı kuru beyaz şarap
- Arzunuza göre deniz tuzu ve karabiber
- 1 çay kaşığı kuru fesleğen
- ½ çay kaşığı kurutulmuş dereotu
- 5 su bardağı et suyu, tercihen ev yapımı
- 4 tavuk kanadı

TALİMATLAR:

a) "Sote" düğmesine basın ve yağı ısıtın. Sıcakken arpacık soğanlarını yumuşayana ve aromatik olana kadar soteleyin.

b) Sarımsak, mantar ve biberleri ekleyin; 3 dakika daha veya yumuşayana kadar pişirin.

c) Şimdi domatesleri, porçini tozunu, beyaz şarabı, tuzu ve karabiberi ilave edin. Kalan malzemeleri ekleyin ve birleştirmek için karıştırın.

d) Kapağı sabitleyin. "Manuel" modu ve Yüksek basıncı seçin; 18 dakika pişirin. Pişirme tamamlandığında, hızlı bir basınç tahliyesi kullanın.

e) Kalan buharı çıkardığınızdan emin olun ve kapağı dikkatlice çıkarın. Tavuk kanatlarını Instant Pot'tan çıkarın. Kemikleri atın ve eti doğrayın.

f) Tavuk etini Instant Pot'a geri ekleyin. Ayrı kaselere koyun ve sıcak servis yapın. Afiyet olsun!

50. Tembel Tavuk Carnitas

İÇİNDEKİLER:

- 3 pound bütün tavuk, parçalar halinde kesilmiş
- 3 diş sarımsak, preslenmiş
- 1 guajillo biber, kıyılmış
- 1 yemek kaşığı avokado yağı
- ⅓ fincan kavrulmuş sebze suyu
- Tatmak için deniz tuzu
- ½ çay kaşığı öğütülmüş defne yaprağı
- ⅓ çay kaşığı acı biber
- ½ çay kaşığı kırmızı biber
- ⅓ çay kaşığı karabiber
- Servis için 1 su bardağı taze krema
- 2 tepeleme yemek kaşığı kıyılmış taze kişniş

TALİMATLAR:

a) Crème fraiche ve taze kişniş hariç yukarıdaki tüm malzemeleri Instant Pot'a koyun.
b) Kapağı sabitleyin. "Kümes" ayarını seçin ve 15 dakika pişirin. Pişirme tamamlandığında, hızlı bir basınç tahliyesi kullanın; kapağı dikkatlice çıkarın.
c) Tavuğu iki çatalla parçalayın ve kemikleri atın. Her porsiyona bir parça crème fraiche ekleyin ve taze kişnişle süsleyin. Eğlence!

51. hindi suyu

İÇİNDEKİLER:

- 5 pound hindi kemikleri/çerçeveleri, soğuk su altında durulanmış
- 1 galon soğuk su
- 12 ons mirepoix
- Poşet (1 adet defne yaprağı, 2 dal taze kekik, 5 adet bütün karabiber ve 3 adet maydanoz sapı, tümü tülbente sarılı ve kasap ipiyle bağlanmış)

TALİMATLAR:

a) Hindi kemiklerini bir et suyu kabına koyun ve üzerini soğuk suyla kapatın. Bir kaynamaya getirin. Safsızlıklar yüzeye çıkmaya başladığında, bunları alın ve atın.

b) Et suyu kabına poşet ve mirepoix ekleyin. Sık sık kaymağı alarak 3-6 saat kısık ateşte pişirin. Kaynamasına izin vermeyin.

c) Paslanmaz çelik bir kase veya kabın üzerine yerleştirilmiş orta ila ince gözenekli bir elek hazırlayın.

d) Broth'u Çin şapkasından veya chinois'ten geçirin.

e) Broth'u hızlı bir şekilde soğutmak için lavaboya biraz buzlu su doldurun ve süzülmüş Broth'u içeren kabı buz banyosuna yerleştirin. Kalan tüm yağlar yüzeyde katılaşana kadar buzdolabında saklayın.

f) Soğuk Et Suyundaki yağı alın veya sıyırın.

g) Broth'u sos, Broth Soup veya doldurma için bir baz olarak kullanın.

52. Tay Hindistan Cevizi Domates Bisküvisi

İÇİNDEKİLER:

- 1 yemek kaşığı hindistan cevizi yağı
- ½ orta boy soğan, doğranmış
- 2 diş sarımsak, kıyılmış
- 2 çay kaşığı zencefil, rendelenmiş
- 1 çay kaşığı limon otu, ezilmiş
- 2 (14 ons) kutu doğranmış domates
- 1 (14 ons) kutu domates sosu
- 2 ½ su bardağı Tavuk Kemik Suyu
- 1 (14 ons) şekersiz tam yağlı hindistan cevizi sütü olabilir
- 1 tatlı kaşığı garam masala baharatı
- ½ çay kaşığı zerdeçal
- ¼ çay kaşığı hindistan cevizi
- Tatmak için deniz tuzu ve taze çekilmiş karabiber

TALİMATLAR:

a) Orta yüksek ısıda büyük bir tencerede hindistancevizi yağını ısıtın. Eriyen yağa soğan, sarımsak, zencefil ve limon otu ekleyin. 1 ila 2 dakika veya soğan yumuşayana ve yarı saydam hale gelene kadar soteleyin.

b) Doğranmış domatesleri, salçayı ve et suyunu ekleyin. Karışım kaynadıktan sonra, ısıyı düşük seviyeye indirin. Kalan malzemeleri ekleyin, karıştırın, örtün ve 15 dakika pişirin.

c) İçeriği bir mutfak robotuna aktarın ve güzel, pürüzsüz bir bisküvi elde edene kadar karıştırın. Sıcak servis yapın.

53. Karnabahar Vichyssoise

İÇİNDEKİLER:

- 2 yemek kaşığı tereyağı
- 1 diş sarımsak, kıyılmış
- 2 pırasa, ince halkalar halinde kesilmiş
- 4 su bardağı (1 litre) Tavuk Kemik Suyu
- ½ bardak konserve tam yağlı hindistan cevizi sütü
- 3 su bardağı karnabahar çiçeği
- ½ çay kaşığı kekik
- 1 çay kaşığı Kelt veya Pembe Himalaya tuzu
- ½ çay kaşığı karabiber
- 1 çorba kaşığı su ile karıştırılmış ½ çay kaşığı ararot

TALİMATLAR:

a) Yağı büyük bir su ısıtıcısında orta-yüksek ateşte eritin. Sarımsak ve pırasa ekleyin ve ısıyı orta-düşük seviyeye indirin. Yumuşatmak için 6 ila 8 dakika soteleyin.

b) Isıyı orta-yüksek seviyeye yükseltin ve et suyu, hindistan cevizi sütü, karnabahar, kekik, tuz ve karabiber ekleyin. Broth Soup kaynamaya başladığında, ısıyı orta-düşük seviyeye indirin ve karnabahar tamamen pişene kadar 15 ila 20 dakika pişirin.

c) Elde tutulan bir daldırma blenderi, blender veya mutfak robotu ile pürüzsüz ve kremsi olana kadar püre haline getirin. Su ısıtıcısına dönün ve ararot ekleyin. Et Suyu Çorbası koyulaşana kadar pişirin, daha koyu bir Et Suyu Çorbası isteniyorsa daha fazla ara kök ekleyin.

54. Tavuk Zencefilli Kemik Suyu

İÇİNDEKİLER:
- 2 pound tavuk kemiği
- 1 sarı veya beyaz soğan, kabaca doğranmış
- 2 ons taze zencefil, dilimlenmiş
- 2 yemek kaşığı elma sirkesi
- 1 yemek kaşığı bütün karabiber
- 2 defne yaprağı
- 8-10 su bardağı su

TALİMATLAR:

a) Tavuk kemiklerini ve kalan tüm malzemeleri yavaş bir tencereye koyun ve suyla kaplayın.

b) Örtün ve 12-18 saat kısık ateşte pişirin.

c) Tüm katıları atın ve kemik suyunu ince gözenekli bir süzgeçten geçirerek büyük bir kaseye süzün. İstenirse kalan parçacıkları çıkarmak için tülbentten bir kez daha süzün.

d) Hava geçirmez kavanozlara koyun ve buzdolabında iki haftaya kadar saklayın veya ileride kullanmak üzere dondurun.

SU İLE PİŞİRME

55. Et Suyu Kinoa Salatası

İÇİNDEKİLER:

- 2 su bardağı pişmemiş kinoa
- 3 ½ su bardağı Tavuk Kemik Suyu
- 1 5 onsluk paket bahar karışımı
- 1 pint çeri domates, ikiye bölünmüş
- ¼ su bardağı sızma zeytinyağı
- tatmak için koşer tuzu
- Tatmak için taze çekilmiş karabiber
- 1 limon suyu

TALİMATLAR:

a) Kinoayı soğuk akan su altında durulayın.
b) Temizlenmiş kinoayı büyük bir tencereye aktarın, kemik suyunu ekleyin ve kaynatın. Ateşi kısın ve kinoa yumuşayana ve tüm sıvı emilene kadar 15-25 dakika kaynamaya bırakın.
c) Kinoa piştikten sonra ocaktan alın ve tamamen soğumaya bırakın.
d) Büyük bir kapta veya aynı tencerede bahar karışımı, kiraz domates, zeytinyağı, tuz, karabiber ve limon suyunu ekleyin. Tüm malzemeler iyice birleşene kadar karıştırın. Eğlence!

56. Chipotle Kavrulmuş Sebze Kuskus

İÇİNDEKİLER:

- 12 ons dondurulmuş Asya tavada kızartılmış sebze karışımı (brokoli, bebek mısır, mantar, havuç, yeşil fasulye)
- 2 yemek kaşığı sızma zeytinyağı, bölünmüş
- ½ fincan kırmızı soğan, doğranmış
- 1 su bardağı donmuş mısır taneleri
- 1 su bardağı Tavuk Kemik Suyu
- Tatmak için biber ve tuz
- 2 çay kaşığı Chipotle Adobo sosu
- ¾ bardak sade kuskus
- ½ çay kaşığı limon kabuğu rendesi
- 2 yemek kaşığı limon suyu

TALİMATLAR:

a) Fırını 425 ° F'ye ısıtın. Sebzeleri 5 dakika yüksekte mikrodalgaya koyun. Sonra küçük parçalar halinde doğrayın. Fırın tepsisine yerleştirin; 1 yemek kaşığı yağ ile kaplayın. 10-12 dakika, arada bir karıştırarak veya hafifçe kızarana kadar pişirin.

b) Orta boy bir tencereyi orta-yüksek 1-2 dakika önceden ısıtın. Kalan 1 çorba kaşığı yağı tavaya koyun, ardından soğan ve mısırı ekleyin; pişirin ve 2-3 dakika veya soğanlar yumuşayana kadar karıştırın. Tavuk kemik suyunu ekleyin, ½ çay kaşığı deniz tuzu ve karabiber ekleyin, Chipotle Adobo sosu ekleyin; kaynatın.

c) Tavayı ocaktan alın; kuskusta karıştırın, örtün ve 5 dakika bekletin. Bu arada, limon kabuğunu rendeleyin/rendeleyin ve suyu için limonu sıkın (2 yemek kaşığı).

d) Bir çatalla kuskus kabartın; kavrulmuş sebzeleri, kabuğu rendesini ve suyu ilave edin (hafifçe karıştırın). Eğlence!

57. Güney Karalahana Yeşillikleri

İÇİNDEKİLER:

- 4 dilim domuz pastırması, ¼ inçlik parçalar halinde kesin
- 1 orta boy tatlı soğan, doğranmış
- koşer tuzu
- 3 diş sarımsak, kıyılmış
- 6 su bardağı Tavuk Kemik Suyu
- 2 demet taze kara lahana, sapları çıkarılmış ve kabaca doğranmış
- Taze çekilmiş karabiber

TALİMATLAR:

a) Bir fırın rafını orta konuma getirin ve fırını 350 ° F'ye ısıtın.

b) Pastırmayı büyük bir Hollanda fırında orta-yüksek ateşte yağ işlemeye başlayana kadar yaklaşık 2 dakika pişirin.

c) Soğan ve bir tutam tuzla karıştırın. Soğanlar yumuşayana kadar yaklaşık 5-7 dakika pişirin. Sarımsak ekleyin ve 30 saniye karıştırın.

d) Kemik suyunu ekleyin ve kaynamaya bırakın. Yeşilleri, her seferinde bir avuç, solana kadar ekleyin.

e) Tencereyi örtün ve fırına yerleştirin. 45 dakika veya yeşillikler yumuşayana kadar pişirin. fırından çıkarın. Daha fazla tuz ve karabiber serpin. Acı sos ile servis yapın.

58. Et Suyu Buharda Brokoli

İÇİNDEKİLER:
- 1 pound brokoli çiçeği (yaklaşık 2 kafa)
- 2 yemek kaşığı hindistan cevizi yağı
- 2 çay kaşığı kıyılmış sarımsak
- ¼ su bardağı Tavuk Kemik Suyu
- ¾ çay kaşığı deniz tuzu veya istenirse daha fazla
- 1 yemek kaşığı hindistancevizi aminosu (isteğe bağlı)

TALİMATLAR:
a) Brokoli başları kullanıyorsanız, sapları çıkararak ve çiçeklere ayırarak brokoli hazırlayın. Kenara koyun.
b) Büyük bir sote tavasında (kapaklı), hindistancevizi yağını orta ateşte yaklaşık 5 dakika ısıtın. (Yağın bir gaz sobasında ısınması daha az zaman alabilir.)
c) Sarımsak ekleyin ve kokulu olana kadar yaklaşık 30 saniye karıştırın.
d) Brokoli çiçeklerini tavaya, ardından tuzu koyun ve yaklaşık bir dakika soteleyin.
e) Brokoli üzerine su veya et suyu dökün ve 5 dakika veya brokoli yumuşayana kadar buharda bekletin.
f) İsteğe bağlı olarak, biraz umami aroması eklemek için bir çorba kaşığı hindistancevizi aminosunu karıştırın. Eğlence!

59. Suda Boğulmuş Yumurta

İÇİNDEKİLER:

- 8 adet Roma domatesi, kavrulmuş
- 1 su bardağı taze kişniş, sıkıca paketlenmiş
- 3 diş sarımsak
- 1 habanero biber (isteğe bağlı)
- ½ fincan beyaz soğan, kabaca dilimlenmiş
- ½ su bardağı Tavuk Kemik Suyu
- tatmak için tuz
- 6 yumurta
- Taze çekilmiş karabiber

TALİMATLAR:

a) Fırını 350 ° F'ye ısıtın. Roma domateslerini 10 dakika kızartın. Bu arada diğer malzemeleri hazırlayın.

b) Domatesler pişince dörde bölün. Tüm malzemeleri mutfak robotunuzda veya karıştırıcınızda birleştirin. Bir çimdik tuz ekle. Büyük parçalar kalmayana kadar doğrayın. Az önce harika bir salsa yaptın!

c) Büyük bir yapışmaz tavaya 2 bardak salsa alın. 6 adet yumurtayı kırıp salsaya bulayın. Yumurtaları üst üste bindirmeyin.

d) Örtün ve kaynatın (yaklaşık 5 dakika). Isıyı ortama getirin ve yumurtalarınızın ne kadar iyi yapılmasını istediğinize bağlı olarak 3-5 dakika daha pişirin.

e) Taze çekilmiş karabiber serpin ve kişniş yapraklarıyla süsleyin. Sert!

60. Kemik Suyunda Haşlanmış Yumurta

İÇİNDEKİLER:

- 3 yumurta
- 1 su bardağı Tavuk Kemik Suyu
- 1 yemek kaşığı hindistancevizi aminosu veya soya sosu
- Süslemek için doğranmış yeşil soğan

TALİMATLAR:

a) Yumurtaları orta derecede buharla güvenli bir kapta çırpın. Tavuk kemiği suyu ve hindistancevizi aminolarını ekleyin. İyi birleştirin.

b) Kaseden daha büyük bir tencereye biraz su ekleyin. Kaseyi tencerenin içine yerleştirin ve suyun kasenin 1 inç dışına çıkmasına izin verin.

c) Örtün ve ısıyı yükseğe çevirin. Rahatsız edilmeden 8 dakika buharlayın. Yumurtaların katılaşıp katılaşmadığını kontrol edin. Hala sulu ise 2-5 dakika pişirme süresi ekleyin.

d) Fırın eldiveni kullanarak buğulanmış yumurtaları tencereden dikkatlice çıkarın. Doğranmış yeşil soğan serpin. Eğlence!

61. İstiridye ile Kemik Suyu Buharda Yumurta

İÇİNDEKİLER:
- 1 su bardağı Tavuk Kemik Suyu
- 3 yumurta
- 1 yemek kaşığı hindistancevizi aminosu veya soya sosu
- 2 yemek kaşığı Shaoxing şarabı veya şeri
- 8-10 istiridye
- Süslemek için doğranmış yeşil soğan

TALİMATLAR:
a) Orta boy bir tencereye tavuk kemik suyu ve yemeklik şarap ekleyin. Bir kaynamaya getirin, ardından istiridye ekleyin. Yaklaşık 5 dakika pişmesi için üzerini kapatın. Bu noktada istiridyeler açılmaya başlamalıdır.
b) İstiridye çıkarın ve bir kenara koyun. Pişirme sıvısının tamamen soğumasını bekleyin.
c) Yumurtaları orta derecede buharla güvenli bir kapta çırpın. İstiridye pişirme sıvısını ve hindistancevizi aminolarını karıştırın. İyi birleştirin. İstiridyeleri yumurta karışımına yerleştirin.
d) Aynı tencereyi kullanın, biraz su ekleyin. Yumurta karışımı kasesini içine yerleştirin ve suyun kasenin 1 inç dışına çıkmasına izin verin.
e) Örtün ve ısıyı yükseğe çevirin. Rahatsız edilmeden 8 dakika buharlayın. Yumurtaların katılaşıp katılaşmadığını kontrol edin. Hala sulu ise 2-5 dakika pişirme süresi ekleyin.
f) Fırın eldiveni kullanarak buğulanmış yumurtaları tencereden dikkatlice çıkarın. Kıyılmış yeşil soğan ile süsleyin. Eğlence!

62. Glutensiz Mapo Tofu

İÇİNDEKİLER:

- 1 (16 ons) blok yumuşak tofu
- 4 ons kıyma veya kıyma
- 1 çay kaşığı susam yağı
- 2 çay kaşığı Shaoxing şarabı veya kuru şeri
- 1 çay kaşığı mısır nişastası
- ½ çay kaşığı deniz tuzu
- 3 yemek kaşığı bitkisel yağ, bölünmüş
- 1 yemek kaşığı kıyılmış zencefil
- 2 çay kaşığı kıyılmış sarımsak
- 1 ½ su bardağı Dana Kemik Suyu
- 1 ½ yemek kaşığı biber katıları ile sıcak biber yağı
- ½ çay kaşığı ince öğütülmüş Sichuan biberi (diğer adıyla uyuşturan biber)
- 1 yemek kaşığı mısır nişastası, 2 yemek kaşığı soğuk suda eritilmiş
- ½ çay kaşığı esmer şeker
- Tuz ve karabiber (tercihen ince öğütülmüş Sichuan uyuşturan biber)
- Garnitür için doğranmış yeşil soğan

TALİMATLAR:

a) Tofuyu yarım inçlik küpler halinde kesin.
b) Orta boy bir tencerede bol miktarda tuzlu suyu kaynatın ve tofuyu yavaşça kaynayan suya koyun. 2 dakika pişmesine izin verin. Boşaltmak.
c) Kıyma veya domuz eti, susam yağı, şarap, 1 çay kaşığı mısır nişastası (2 yemek kaşığı soğuk suda eritilmiş) ve ½ çay kaşığı tuzu orta boy bir kapta birleştirin. İyice karıştırın.
d) Büyük bir wok veya sote tavasında 1 çorba kaşığı yağı orta ateşte yaklaşık 1 dakika ısıtın. Terbiyeli eti sıvı yağda spatula ile küçük parçalara ayırarak yaklaşık 4-5 dakika kavurun. Eti baharatlamak için kullandığınız kaseye aktarın ve bir kenara koyun.
e) Aynı wok'a 2 yemek kaşığı daha yağ ekleyin. Orta ateşte tutun. Zencefil ve sarımsak ekleyin, kokulu olana kadar yaklaşık 1 dakika pişirin.

f) Et suyunu wok'a dökün. Isıyı yüksek seviyeye getirin ve suyu kaynatın.

g) Et suyuna tofu küpleri, sığır eti, biber katıları ile acı biber yağı ve Sichuan biberi ekleyin. Sosu dağıtmak için wok'u sallayın, tofuyu yavaşça geri itmek için tahta bir spatula kullanın. 6-8 dakika kaynatmak için ısıyı azaltın.

h) Bu arada 1 yemek kaşığı mısır nişastasını 2 yemek kaşığı soğuk suda eritin.

i) Mısır nişastası karışımını tofu karışımına gezdirin. Yavaşça geri itin, kahverengi şeker ekleyin ve tofuyu sosta yaklaşık 2 dakika koyulaşana kadar kaynatmaya devam edin. İsterseniz tadın ve daha fazla tuz ekleyin.

j) Tabağı ince öğütülmüş uyuşturan Sichuan biberi veya öğütülmüş karabiber serpin, doğranmış yeşil soğanla süsleyin ve pilavın üzerinde servis yapın.

63. Tex-Mex Chili Con Queso

İÇİNDEKİLER:

- 1 yemek kaşığı sızma zeytinyağı
- ½ fincan ince kıyılmış sarı soğan
- 2 diş sarımsak, kıyılmış
- 1 jalapeño, ince kıyılmış
- 1 çay kaşığı öğütülmüş kimyon
- ½ çay kaşığı tuz
- 2 yemek kaşığı mısır nişastası
- 1 su bardağı Tavuk Kemik Suyu
- 8 Amerikan peyniri single, doğranmış
- 1 su bardağı doğranmış domates
- Süslemek için taze kişniş (isteğe bağlı)

TALİMATLAR:

a) Bir dökme demir tavada veya orta boy bir tencerede, yağı orta ateşte ısıtın ve soğanı, sarımsağı ve jalapeño'yu (taze kullanıyorsanız) kimyon, tuz ve mısır nişastasıyla soğan yarı saydam olana kadar 2 ila 3 dakika soteleyin.
b) Et suyunu ekleyin ve 3 ila 4 dakika pişirin. Sürekli karıştırarak sosun koyulaşmasına izin verin.
c) Peyniri ve domatesi ekleyin. Queso'yu 3 ila 5 dakika kısık ateşte dikkatlice pişirin. Karıştırın ve daha fazla et suyu veya peynir ekleyerek yoğunluğunu damak tadınıza göre ayarlayın.
d) Tortilla cipsleri ile sıcak servis yapın.

64. Sarımsaklı Hindi Enchiladas

İÇİNDEKİLER:
ENCHILADA DOLUMU İÇİN:
- 1 yemek kaşığı tuzsuz tereyağı
- 1 orta boy soğan, doğranmış
- 4 su bardağı pişmiş hindi, doğranmış
- 2 yemek kaşığı çok amaçlı un
- 1 yemek kaşığı pul biber
- 1 çay kaşığı deniz tuzu
- 1 çay kaşığı sarımsak tozu
- ½ çay kaşığı öğütülmüş kimyon
- ¼ çay kaşığı öğütülmüş adaçayı
- 1 (14,5 ons) haşlanmış domates konservesi

ENCHILADA SOSU İÇİN:
- 6 diş sarımsak, kıyılmış
- ¼ su bardağı tuzsuz tereyağı
- ½ bardak çok amaçlı un
- 2 su bardağı Tavuk Kemik Suyu (1 karton)
- 1 (15 ons) kutu domates sosu
- 2 yemek kaşığı pul biber
- 2 çay kaşığı öğütülmüş kimyon
- 1 çay kaşığı öğütülmüş adaçayı
- ½ çay kaşığı deniz tuzu
- 1 diş sarımsak tozu

MONTAJLAMA:
- 10 büyük tortilla
- 2 bardak Meksika karışımı peynir
- süslemek için taze kişniş

TALİMATLAR:
a) Önce enchilada dolgusunu yapın. Orta-yüksek ateşte büyük bir tavada tereyağını eritin. Soğan ekleyin ve kokulu olana kadar yaklaşık 1 dakika pişirin. Hindiyi, ardından unu ve dolgu için tüm baharatları ekleyin. İyice karıştırın.

b) Domatesleri ve suyunu ilave edip karıştırın. Domatesleri küçük parçalar halinde kesmek için bir makas kullanın. Bir kaynamaya getirin, ardından ısıyı orta-düşük seviyeye indirin. 15 dakika kaynatın.

c) Doldurma kaynarken enchilada sosu yapın. Küçük bir sos tenceresine sarımsak ve tereyağını ekleyin. Tereyağı demlenip eriyene kadar orta ateşte pişirin. Harmanlanana kadar unu karıştırın. Sürekli karıştırarak et suyunu yavaş yavaş karıştırın.

d) Sosu kaynatın. Domates sosu ve tüm baharatları ekleyip karıştırın. Kabarcık olana kadar pişirin. Ateşten alın.

e) Şimdi fırını 350 ° F'ye ısıtın.

f) Birleştirmek için, 13 × 9 inçlik bir fırın tepsisine 1 ½ bardak enchilada sosu dökün ve tabağın altını kaplayacak şekilde yayın.

g) Bir tortillayı düz bir yüzeye koyun, tortillanın ortasına yaklaşık ¼ fincan hindi karışımını koyun ve üzerine 1-2 yemek kaşığı peynir ekleyin. Sıkıca sarın ve dikiş yeri aşağı gelecek şekilde fırın tepsisindeki sosun üzerine yerleştirin. Kalan ekmeği ile tekrarlayın.

h) Enchiladas'ı kalan sosla doldurun. Folyo ile örtün ve 30-35 dakika pişirin.

i) Kalan peyniri serpin ve peynir eriyene kadar üstü açık 10-15 dakika daha pişirin. Taze kişniş ile süsleyin ve avokado ile servis yapın. Eğlence!

65. Hindi Turtası

İÇİNDEKİLER:

- 3 yemek kaşığı tereyağı
- 1 bardak patates, doğranmış
- 1 su bardağı soğan, doğranmış
- 1 bardak kereviz, doğranmış
- 1 bardak havuç, doğranmış
- Tatmak için biber ve tuz
- 1 yemek kaşığı taze kekik yaprağı, kıyılmış
- ½ bardak çok amaçlı un
- 1 su bardağı hindi kemik suyu veya Tavuk Kemik Suyu
- 1 su bardağı süt
- 2 su bardağı hindi, pişmiş ve doğranmış
- 1 turta kabuğu

TALİMATLAR:

a) Fırını 400 ° F'ye ısıtın.
b) Büyük bir yapışmaz tavada, orta-yüksek ateşte tereyağını eritin. Tavaya patates, soğan, kereviz ve havuç ekleyin. Tatmak için bir tutam tuz ve karabiber ekleyin. Yaklaşık 10 dakika veya sebzeler yumuşayana kadar soteleyin. Pişirme sırasında kekik yapraklarını karıştırın.
c) Tavaya un serpin. Sürekli karıştırarak bir dakika daha pişirin. Yavaş yavaş et suyu ve sütü karıştırın. Isıyı ortama düşürün ve karışım koyulaşana ve kabarcıklı olana kadar sürekli karıştırarak pişirin.
d) Hindiyi ekleyin ve iyice karıştırın.
e) Karışımı 9 inçlik bir turta tabağına dökün ve üstüne turta kabuğu koyun. Pasta tabağınızın kenarındaki fazla kabuğu kesin. Buharın kaçmasına izin vermek için ortasındaki yarıkları kesin.
f) Turtayı 40-50 dakika veya hamur işi altın rengi kahverengi olana ve dolgu kabarcıklı ve tamamen pişene kadar pişirin.

66. One-Pot Hindi Chili Mac

İÇİNDEKİLER:
- 1 yemek kaşığı hindistan cevizi yağı
- 1 pound öğütülmüş hindi
- ½ çay kaşığı koşer tuzu
- ¼ fincan soğan, doğranmış
- 2 sap kereviz, doğranmış
- ½ kap dolmalık biber, doğranmış
- 4 su bardağı Tavuk Kemik Suyu (2 karton)
- 1 (16 oz) kavanoz orta kalın ve tıknaz salsa
- 1 (15-16 ons) konserve sodyumu azaltılmış kırmızı barbunya fasulyesi, süzülmüş
- 1 (1.25 oz) paket biber çeşni karışımı
- 8 ons dirsek makarna
- 2 ons çedar peyniri, doğranmış
- 1 (8 oz) tuz eklenmemiş domates sosu olabilir
- Süslemek için maydanoz yaprakları

TALİMATLAR:
a) Yağı büyük bir tencerede orta-yüksek ateşte ısıtın. Kıyılmış hindiyi tavaya koyun ve tuzlayın. Eti parçalamak için spatulanızı kullanarak 3-4 dakika pişirin.

b) Soğan, kereviz ve dolmalık biberi ilave edin ve hindi tamamen pişene kadar 2 dakika daha pişirin. Et suyu, salsa, fasulye ve baharat karışımını ekleyin. kaynatın.

c) Makarnayı karıştırın; ara sıra karıştırarak 8 dakika pişirin. Bu sırada peyniri küçük küpler halinde kesin. Domates sosu ile karıştırın ve 1 dakika daha pişirin. Biberleri peynir ve maydanozla servis edin.

67. Yavaş Tencerede Körili Tavuk

İÇİNDEKİLER:
- 4 pound kemikli tavuk baldırları, derisi alınmış ve yağı kesilmiş
- Tuz ve biber
- ¼ su bardağı mısır nişastası

KÖRİ SOSU İÇİN:
- 3 yemek kaşığı hindistan cevizi yağı
- 3 yemek kaşığı hafif veya tatlı köri tozu
- 1 çay kaşığı garam masala
- 1 yemek kaşığı zerdeçal
- 2 orta boy beyaz soğan, doğranmış
- 1 jalapeño biber, tohumlanmış ve kıyılmış
- 4 diş sarımsak, kıyılmış
- 1 yemek kaşığı taze zencefil, kıyılmış
- 2 yemek kaşığı domates salçası
- tatmak için tuz
- 2 ½ su bardağı Tavuk Kemik Suyu
- 3 yemek kaşığı soya sosu

TALİMATLAR:

a) Tavuğu tuz ve karabiberle tatlandırın ve mısır nişastasıyla kaplayın, bir kenara koyun.

b) Hindistan cevizi yağını büyük bir tavada orta ateşte parıldayana kadar ısıtın. Köri tozu, garam masala ve zerdeçal ekleyin ve kokulu olana kadar yaklaşık 10 saniye pişirin.

c) Soğan, jalapeño biberi, sarımsak, zencefil, domates salçası ve bir tutam tuz ilave edin ve sık sık karıştırarak soğanlar hafifçe kızarana ve yumuşayana kadar yaklaşık 10 dakika pişirin.

d) Kızarmış parçaları kazıyarak tavaya tavuk suyu ekleyin.

e) Soya sosu veya hindistancevizi aminoları ekleyin. İyice karıştırın. Hafif koyulaşana kadar pişirin. Ateşten alın.

f) Patatesleri ve havuçları 6 litrelik yavaş pişiriciye, ardından tavuğu koyun.

g) Köri sosunu tavukların üzerine dökün. Örtün ve 4-5 saat veya tavuk yumuşayana kadar kısık ateşte pişirin.

h) Pişirme sıvısını 5 dakika dinlendirin ve büyük bir kaşık kullanarak yüzeydeki yağı alın. Bezelye, domates, hindistan cevizi sütü ve kişniş ilave edin. Bezelye ve domatesler tamamen ısınana kadar yaklaşık 5 dakika veya daha uzun süre bekletin.

i) Servis yapmadan önce tadın, istenirse tuz ve karabiber ekleyin.

68. Havuçlu Kavrulmuş Limonlu Bütün Tavuk

İÇİNDEKİLER:
- 1 bütün 5 kiloluk tavuk
- 2 dal taze biberiye
- 4 dal taze kekik
- 2 limon, 1 yarıya ve 1 dilimlenmiş
- 2 yemek kaşığı zeytinyağı
- 1 küçük soğan, ince dilimlenmiş
- ½ bardak beyaz şarap
- 1 su bardağı Tavuk Kemik Suyu
- 6 havuç, kabaca doğranmış
- tatmak için tuz

TAVUK OVASI İÇİN:
- 2 çay kaşığı tavuk baharatı
- ½ çay kaşığı baharat tuzu
- ½ çay kaşığı öğütülmüş hardal
- ½ çay kaşığı karabiber
- 1 çay kaşığı sarımsak tozu

TALİMATLAR:
a) Fırını 350 ° F'ye ısıtın.
b) Tavuğu durulayın ve sakatatları çıkarın. Kağıt havluyla hafifçe vurarak kurulayın.
c) Tavuk ovma malzemelerini küçük bir kapta karıştırın ve tavuğun hem dışına hem de içine sürün. Tavuğu biberiye, kekik ve 2 limon yarısı ile doldurun. Tavuğu bir kenara koyun.
d) 10 inçlik bir dökme demir tavada, zeytinyağını orta-yüksek ateşte yaklaşık 2 dakika ısıtın. Soğanı kokusu çıkana kadar 2-3 dakika soteleyin. Şarabı ilave edin ve buharlaşana kadar yaklaşık 3-4 dakika pişirin. Tavuk kemik suyu, havuç ve dilimlenmiş limon ekleyin. İyice karıştırın ve terbiyeli tavuğu üstüne yerleştirin.
e) Tavuk tamamen pişene ve kemiklere yakın sıcaklık 165 ° F'ye ulaşana kadar 1,5 ila 2 saat arasında pişirin. Kızartma işlemi sırasında tavuğu birkaç kez et suyu ve meyve suları ile yağlayın.
f) Tavuklar piştikten sonra tavukları ve sebzeleri servis tabağına alın. Tavada kalan et suyu ve meyve sularının yüzeyinden mümkün olduğunca fazla yağı büyük bir kaşıkla alın ve kaynatın. Sos koyulaşana kadar yaklaşık 10 dakika pişirin. Tatmak için tuzla tatlandırın.
g) Dilim tavuk; sebze ve sos ile servis yapın.

69. Tek Tava Karayip Jerk Tavuk ve Sebzeler

İÇİNDEKİLER:

- 2 pound tavuk budu, derisi üzerinde
- 1 orta boy kırmızı soğan, iri kıyılmış
- 1 kilo kırmızı patates, dörde bölünmüş
- 1 bardak havuç parası veya bebek havuç
- 3 kereviz sapı, doğranmış
- 1 su bardağı Tavuk Kemik Suyu
- 1 yemek kaşığı kıyılmış taze kekik yaprağı (veya 1 çay kaşığı kuru kekik)

MARİNA İÇİN:

- 1 (0,7 ons) zarf İtalyan salata sosu karışımı
- 1 çay kaşığı tarçın
- 1 yemek kaşığı taze kekik yaprağı, kıyılmış
- 2 yemek kaşığı esmer şeker
- 2 yemek kaşığı zeytinyağı
- ½ çay kaşığı toz biber
- 2 yemek kaşığı soya sosu

TALİMATLAR:

a) Fırını 400 ° F'ye ısıtın.
b) Tüm marine malzemelerini büyük bir karıştırma kabına koyun. İyice birleştirilene kadar karıştırın.
c) Tavuk butlarını durulayın ve kağıt havluyla kurulayın ve turşunun içine koyun; iyi kaplandıklarından emin olmak için butları maşayla çevirin. Kenara koyun.
d) Sebzeleri doğrayın ve sebzeleri 9x13 inçlik bir tavanın dibine yayın. Üzerine tavuk suyunu dökün, ardından kekik serpin.
e) Şimdi tavuğu sebzelerin üzerine koyun. Kalan turşuyu tavaya kazıyın.
f) 60 dakika pişirin. Yarı yolda bir kez çevirin.
g) Tavuğu sebzelerle ve tavadan aldığınız sosla servis edin. Eğlence!

70. Beyaz Şarap ve Tarhun ile Kremalı Tavuk

İÇİNDEKİLER:
- 2 yemek kaşığı sızma zeytinyağı
- 1 kiloluk mantar, küçükse yarıya veya büyükse dörde bölünmüş
- 2 orta boy soğan, ince doğranmış
- 4 çay kaşığı kıyılmış sarımsak
- 2 çay kaşığı kıyılmış taze kekik yaprağı veya ½ çay kaşığı kuru kekik
- Tatmak için biber ve tuz
- 1 ¾ su bardağı sek beyaz şarap
- 1 ½ su bardağı Tavuk Kemik Suyu
- 1 pound havuç, soyulmuş ve 1 inçlik parçalar halinde kesilmiş
- 2 defne yaprağı
- 2 yemek kaşığı mısır nişastası
- 4 pound kemikli tavuk parçaları (bölünmüş göğüsler veya uyluklar), derisi alınmış
- 1 su bardağı yoğun krema
- ¼ fincan kıyılmış taze tarhun yaprakları

TALİMATLAR:

a) Yağı büyük bir yapışmaz tavada orta-yüksek ateşte ısıtın. Mantar, soğan, sarımsak, kekik ve bir tutam tuz ekleyin. Örtün ve mantarlar sıvılarını bırakana kadar sık sık karıştırarak yaklaşık 8-10 dakika pişirin.

b) Tavayı açın ve birkaç dakika daha pişirmeye devam edin. Şarabı karıştırın, kızartılmış parçaları kazıyın ve koyulaşana kadar yaklaşık 5 dakika pişirin.

c) Karışımı yavaş bir tencereye aktarın ve tavuk kemiği suyu, havuç ve defne yapraklarını eşit şekilde birleşene kadar karıştırın.

d) Tavuğu tuz ve karabiberle tatlandırın ve yavaş pişiriciye yerleştirin. Örtün ve 4-5 saat veya tavuk yumuşayıncaya ve iyice pişene kadar kısık ateşte pişirin.

e) Tavuğu ve havuçları bir servis tabağına ve folyo ile gevşek bir şekilde çadıra aktarın. Pişirme sıvısındaki yağı bir kaşıkla alın. Defne yapraklarını çıkarın.

f) Pişirme sosunu bir tencereye aktarın ve kaynatın. ¼ su bardağı suda eritilmiş 2 yemek kaşığı mısır nişastasını karıştırın. Karıştırmaya devam edin ve sos koyulaşacaktır; sonra krema ve tarhun ekleyin.

71. Bezelyeli Mantarlı Risotto

İÇİNDEKİLER:

- 3 yemek kaşığı sızma zeytinyağı
- 2 çay kaşığı kıyılmış sarımsak
- 1 küçük soğan, doğranmış
- tatmak için tuz
- 1 su bardağı Arborio pirinci
- ½ fincan sek beyaz şarap
- 1 kiloluk bebek Bella mantarı, dilimlenmiş
- 3 su bardağı mantarlı tavuk kemik suyu
- 1 su bardağı dondurulmuş tatlı bezelye
- ¼ fincan taze rendelenmiş parmesan peyniri
- Taze çekilmiş karabiber
- Süslemek için kıyılmış maydanoz yaprakları

TALİMATLAR:

a) Zeytinyağını büyük bir tencerede orta-yüksek ateşte ısıtın.
b) Yağ kızınca, yaklaşık 2 dakika, sarımsağı ve soğanı tencereye koyun. Bir çimdik tuz ekle. Tahta veya silikon bir spatula ile soteleyin ve soğanı 1-2 dakika kadar terletin.
c) Arborio pirinci ekleyin. Pirinci tencerede 1-2 dakika sürekli karıştırarak hafif kahverengi olana kadar kavurun.
d) Şarapla karıştırın. Alkol buharlaşana kadar pişirin, sık sık karıştırın.
e) Mantarları tencereye ekleyin, karıştırın ve 1-2 dakika daha pişirin.
f) 1 su bardağı tavuk kemik suyunu tavaya ekleyin ve kaynatın, sürekli karıştırın. Her seferinde 1 su bardağı et suyu ekleyin; tüm et suyu emilene kadar pişirin.
g) Ocağı kapatın, parmesan peyniri ile karıştırın. Servis tabağına alın, üzerine taze çekilmiş karabiber serpin ve maydanoz yapraklarıyla süsleyin.

72. Tek Kap Kimchi Ramen

İÇİNDEKİLER:
- 8 ons domuz yağı (derisiz), dilimlenmiş
- DOMUZ MARİNASI İÇİN:
- 3 diş sarımsak, kıyılmış
- 1 yemek kaşığı taze zencefil, kıyılmış
- 1 yemek kaşığı şeri
- 1 yemek kaşığı soya sosu

KIMCHI RAMEN İÇİN:
- 4 yumuşak haşlanmış yumurta, ikiye bölünmüş
- ½ orta boy soğan, ince dilimlenmiş
- 1 su bardağı shiitake mantarı, dilimlenmiş
- Yarım blok sert tofu, dilimlenmiş
- 4 ons enoki mantarı
- 4 adet bebe Çin lahanası, ikiye bölünmüş
- 1 kase kimchi, sıkıca paketlenmiş
- ½ su bardağı kimchi suyu
- 4 su bardağı Tavuk Kemik Suyu (2 karton)
- 2 yemek kaşığı acı kırmızı biber salçası
- 1 yemek kaşığı Kore kırmızı biber tozu
- 2 paket ramen
- Süslemek için doğranmış yeşil soğan

TALİMATLAR:
a) Domuz eti turşusu için tüm malzemeleri orta boy bir kapta birleştirin.
b) Domuz eti dilimlerini 2 inç uzunluğunda parçalar halinde kesin. Domuz eti turşunun içine ekleyin. İyice karıştırın ve kenara koyun.
c) Küçük bir tencerede 2 su bardağı suyu kaynatın. Kaynayan suya yumurtaları dikkatlice atın. 5 dakika pişirmelerine izin verin. Yumurtaları tencereden alın ve soğuk suya koyun.
d) Bu sırada soğanı, şitaki mantarını ve tofuyu dilimleyin; enoki mantarlarını temizleyin ve uçlarını kesin; baby bok choy'u yıkayın ve ikiye bölün. Hazırlanan tüm malzemeleri bir kenara koyun.
e) Orta boy bir tencerede, marine edilmiş domuz karnını orta-yüksek ateşte sık sık karıştırarak yaklaşık 2 dakika pişirin.

f) Soğan ve kimchi ekleyin. Kokulu olana kadar soteleyin, yaklaşık 2 dakika.

g) Kimchi suyu, et suyu, kırmızı biber salçası, kırmızı biber tozu ekleyin ve kaynatın.

h) Et Suyu Çorbası tabanı kaynadıktan sonra ramen ve shiitake mantarlarını ekleyin. 3 dakika pişmesine izin verin.

i) Tofu, enoki mantarları ve bok choy ekleyin ve 2 dakika veya ramen yumuşayana kadar pişirin. Isıyı kapatın.

j) Yumurtaları soyun ve ikiye bölün.

k) Kimchi ramenini servis edin ve ikiye bölünmüş yumurtalarla servis edin. Kıyılmış yeşil soğan ile süsleyin.

73. Tatlı Patates ve Nohut ile Körili Mercimek

İÇİNDEKİLER:

- ¼ bardak hindistan cevizi yağı
- 1 büyük kırmızı soğan, doğranmış
- tatmak için tuz
- 2 yemek kaşığı toz köri
- 2 çay kaşığı toz kimyon
- 2 çay kaşığı hardal tohumu
- 1 çay kaşığı öğütülmüş kişniş
- 8 ons kahverengi mercimek
- 3 orta boy tatlı patates
- 4 su bardağı Tavuk Kemik Suyu (2 karton)
- 1 (28 oz) ateşte kavrulmuş doğranmış domates konservesi
- 1 (28 ons) konserve nohut, süzülmüş
- Süslemek için taze kıyılmış maydanoz

TALİMATLAR:

a) Hindistan cevizi yağını orta ateşte büyük bir tencerede yaklaşık 1 dakika ısıtın.

b) Soğan ve bir tutam tuz ekleyin. Soğanlar yarı saydam olana kadar soteleyin.

c) Köri tozu, kimyon, hardal tohumu ve kişniş ekleyin ve sık sık karıştırarak 1 dakika pişirin.

d) Mercimek, tatlı patates, et suyu ve domatesleri karıştırın. Bir kaynamaya getirin ve 25 dakika, üzeri kapalı olarak veya mercimek ve tatlı patatesler yumuşayana kadar kaynamaya bırakın.

e) Nohutları ilave edin ve tamamen ısınana kadar yaklaşık 2 dakika pişirin.

f) Tabaklayın ve kıyılmış maydanozla süsleyin. Eğlence!

74. tavuk mantarlı risotto

İÇİNDEKİLER:
- 3 yemek kaşığı zeytinyağı
- 2 diş sarımsak, kıyılmış
- 1 küçük soğan, doğranmış
- ½ fincan havuç, doğranmış
- tatmak için deniz tuzu
- 1 su bardağı arborio pirinci
- ½ fincan beyaz şarap (isteğe bağlı)
- ½ çay kaşığı kuru kekik
- 3 su bardağı mantarlı tavuk kemik suyu
- 6 ons mantar, dilimlenmiş
- 8 ons donmuş brüksel lahanası
- 1 su bardağı kıyılmış tavuk, pişmiş
- ¼ su bardağı kıyılmış taze maydanoz
- ½ fincan taze rendelenmiş parmesan peyniri
- Taze çekilmiş karabiber

TALİMATLAR:
a) Orta boy bir tencerede zeytinyağını orta ateşte ısıtın. Sarımsağı ekleyin ve kokusu çıkana kadar pişirin.
b) Tencereye soğan ve havuçları koyun, bir tutam tuz ekleyin ve ısıyı yüksek seviyeye getirin. Soğanlar yarı saydam olana kadar sık sık karıştırarak yaklaşık 1 dakika pişirin.
c) Pirinci ve ardından kekiği karıştırın. Pirinci tavada kızartalım ve hafif kahverengileşinceye kadar yağla kaplayalım, sık sık karıştırarak yaklaşık 2-3 dakika.
d) Şarap ekleyin ve alkol buharlaşana kadar yaklaşık 1 dakika karıştırmaya devam edin. Tavuk suyunu tavaya dökün ve kaynatın.
e) Kaynayınca mantarları ve brüksel lahanalarını ekleyip ara sıra karıştırarak tekrar kaynatın.
f) Parçalanmış tavuk ekleyin ve ısıyı düşük seviyeye indirin. Örtün ve tavuk suyu pirinç tarafından emilene kadar 15 dakika pişirin. Ortaya çıkarın, maydanoz ve parmesan peyniri ile karıştırın. Peynir eriyene kadar karıştırmaya devam edin.
g) Isıyı kapatın. Taze çekilmiş karabiberle tatlandırın. Risottoyu servis kaselerine alın. Daha fazla maydanozla süsleyin ve hemen servis yapın.

75. Tek Kaplı Makarna ve Fagioli

İÇİNDEKİLER:

- 1 yemek kaşığı sızma zeytinyağı
- 1 pound yağsız kıyma
- tatmak için tuz
- 1 çay kaşığı kurutulmuş kekik
- 1 orta boy soğan, doğranmış
- 1 bardak havuç, doğranmış
- 2 kereviz sapı, dilimlenmiş
- 1 büyük domates, doğranmış
- 1 (15 ons) kırmızı barbunya fasulyesi, durulanmış ve süzülmüş olabilir
- 2 su bardağı Dana Kemik Suyu
- 2 su bardağı spagetti sosu
- 8 ons makarna kabukları
- 1-2 çay kaşığı acı sos, isteğe bağlı
- ¼ su bardağı kıyılmış taze maydanoz
- Taze çekilmiş karabiber
- ½ su bardağı rendelenmiş veya taze rendelenmiş parmesan peyniri

TALİMATLAR:

a) Büyük bir tencerede zeytinyağını orta ateşte ısıtın. Kıymayı ekleyin ve bir spatula ile parçalayın. Sığır eti kahverengileşmeye başlayana kadar pişirin. Bu arada tuz ve kekik ile tatlandırın.

b) Tencereye soğan, havuç, kereviz ve domates ekleyin. İyice karıştırın ve ara sıra karıştırarak yaklaşık 10 dakika pişirin.

c) Fasulye, et suyu, spagetti sosu ve ardından makarna kabuklarını ekleyin; kullanılıyorsa tencerede acı sos gezdirin; karıştırın ve iyice karıştırın. Bir kaynamaya getirin ve ardından orta-düşük ısıda veya makarna yumuşayana kadar 15-20 dakika pişirin.

d) Tatmak için taze çekilmiş karabiber ekleyin ve maydanozla karıştırın, ardından parmesan peyniri ile süsleyin. Tabağı daha fazla maydanoz veya peynirle süsleyin. Eğlence!

76. kremalı mantarlı makarna

İÇİNDEKİLER:
- 1 porsiyon makarna
- 1 yemek kaşığı tuzsuz tereyağı
- 2 diş sarımsak, kıyılmış
- 8 ons beyaz düğme mantarı, sapları çıkarıldı
- 2 yemek kaşığı kuru beyaz şarap
- ¼ fincan ağır krema
- ¼ su bardağı Tavuk Kemik Suyu
- tatmak için tuz
- ¼ fincan rendelenmiş parmesan peyniri
- Taze çekilmiş karabiber
- Süslemek için kıyılmış taze maydanoz

TALİMATLAR:
a) Büyük bir tencerede, makarnayı tuzlu kaynar suda 8-9 dakika TALİMATLARA göre veya al dente olana kadar pişirin. Boşaltmak.
b) Bu arada, büyük bir tavada orta-yüksek ateşte tereyağını eritin. Kıyılmış sarımsağı karıştırın ve kokulu olana kadar yaklaşık 30 saniye pişmesine izin verin.
c) Mantarları tavaya, kesik tarafları yukarı gelecek şekilde yerleştirin. 3-5 dakika veya mantarlar küçülmeye başlayana kadar pişirin, ara sıra bir spatula ile hareket ettirin.
d) beyaz şarap ekleyin; şarap ve mantar suyunun buharlaşması için yaklaşık 3 dakika pişirmeye devam edin.
e) Ağır krema ve tavuk kemiği suyunu tavaya dökün, bol miktarda tuz ekleyin. Orta ateşte ısıtın ve mantarları birkaç kez çevirerek pişirme sıvısı hafifçe koyulaşana kadar pişirin.
f) Parmesan peynirini mantarların üzerine yayın ve peynir eriyene kadar hafifçe karıştırın. İsterseniz tadın ve daha fazla tuz ekleyin.
g) Haşlanan makarnayı tavaya alın. Mantarlı karışımla güzelce karıştırdıktan sonra servis tabağına alın.
h) Üzerine taze çekilmiş karabiber serpin ve kıyılmış maydanozla süsleyin. İstenirse daha fazla rendelenmiş parmesan peyniri ekleyin. Eğlence!

77. beyaz Chili

İÇİNDEKİLER:
- 1 yemek kaşığı hindistan cevizi yağı
- 1 orta boy soğan, doğranmış
- 3 diş sarımsak, ezilmiş
- 1 (4 ons) yeşil biber doğranmış olabilir
- 8 ons mantar, dilimlenmiş
- 2 çay kaşığı öğütülmüş kimyon
- 1 çay kaşığı kurutulmuş kekik
- 4 su bardağı Tavuk Kemik Suyu (2 karton)
- 4 su bardağı pişmiş hindi, doğranmış
- 2 (15 oz) kutu beyaz fasulye (büyük kuzey, cannellini veya nohut)
- 1 su bardağı rendelenmiş Monterey Jack peyniri
- Süslemek için taze maydanoz yaprakları

TALİMATLAR:
a) Yağı büyük bir tencerede orta ateşte ısıtın.
b) Soğan ve sarımsak ekleyin. Kokulu olana kadar yavaşça pişirin.
c) Yeşil şili biber, mantar, kimyon ve kekikle karıştırın. Pişirmeye devam edin ve karışımı yaklaşık 3 dakika yumuşayana kadar karıştırın.
d) Kemik suyu, hindi ve beyaz fasulye ekleyin. Ara sıra karıştırarak 15 dakika pişirin.
e) Acı biberi koy. Peyniri ekleyin ve maydanoz yapraklarıyla süsleyin. Eğlence!

KONSERVE SUYU

78. hindi suyu

İÇİNDEKİLER:
- 16 su bardağı tavuk suyu
- 3 ½ bardak doğranmış hindi, doğranmış
- 1½ su bardağı kereviz, doğranmış
- 1½ bardak havuç, dilimlenmiş
- 1 su bardağı soğan, doğranmış
- Tuz ve biber
- Dilerseniz tavuk bulyon

TALİMATLAR:
a) Basınçlı teneke kutuyu hazırlayın. Basınçlı teneke kutuya su ekleyin. Nihaleyi yerleştirin ve ocakta orta ateşte kaynatın. Boş kavanozları 5-10 dakika kaynayan suya koyun.
b) Kaynatmayınız. Bittiğinde, bir kenara koyun.
c) Tüm malzemeleri Broth kabına karıştırın ve kaynatın.
d) Suyu 1 inçlik boşluk bırakarak sıcak ve sterilize edilmiş kavanozlara süzün.
e) Hava kabarcıklarını giderin.
f) Jantları silin ve kapakların üzerine yerleştirin.
g) Bantları uygulayın.
h) Kavanozları basınçlı teneke kutuya yerleştirin ve 75 dakika boyunca işleyin.
i) Tamamlandığında, kapağı açın. Kavanozları çıkarın.

79. Zuppa Toscana Et Suyu Çorbası

İÇİNDEKİLER:

- 3 pound öğütülmüş domuz eti
- Tuz, karabiber ve kekik, 1 çay kaşığı
- ¼ çay kaşığı kırmızı biber gevreği
- 2 soğan
- 4 diş sarımsak
- 4 patates
- 1 demet lahana
- 3 litre domuz suyu

TALİMATLAR:

a) Basınçlı teneke kutuyu hazırlayın. Basınçlı teneke kutuya su ekleyin. Nihaleyi yerleştirin ve ocakta orta ateşte kaynatın. Boş kavanozları 5-10 dakika kaynayan suya koyun. Ancak kaynatmayın. Bittiğinde, bir kenara koyun.

b) Soğanı küp küp doğrayın. Sarımsağı ezin. Patatesleri soyup küp küp doğrayın.

c) Lahanayı kaynamış suda 30 saniye solana kadar durulayın ve haşlayın. Kenarda tut. Domuz eti öğütün.

d) Kızartma tavasına kıyma, kırmızı biber gevreği, kekik, biber ve tuzu ekleyin. Başka bir tencereye 3 litre Broth ekleyin. Kaynamaya bırakın.

e) Sıcak ve sterilize edilmiş kavanozlara bulaşık bezini yerleştirin. Soğan ve sarımsak karışımını ekleyin. Ardından, her bir kavanoza küçük bir parça karalahana ve ardından patatesleri ekleyin.

f) Terbiyeli domuz etini kavanoza koyun ve 1 inçlik boşluk bırakarak Broth dolgusu ile doldurun.

g) Hava kabarcıklarını giderin. Kavanozları basınçlı teneke kutuya yerleştirin. Kapakları kilitleyin.

h) 10 dakika boyunca buharı boşaltın. 90 dakika boyunca işlem yapın.

i) Isıyı kapatın. 2 dakika bekleyin. Açık havalandırma. Kapağı çıkarın.

j) Kavanozları basınçlı kutudan çıkarın. Gece boyunca soğumaya bırakın.

80. Kuşkonmazlı Tavuk Suyu Çorbası

İÇİNDEKİLER:

- 3 pound taze kuşkonmaz, kesilmiş
- 8 su bardağı tavuk suyu
- 1 bardak kıyılmış arpacık, kıyılmış
- 1 çay kaşığı sarımsak, kıyılmış
- ½ çay kaşığı tuz
- ¼ çay kaşığı öğütülmüş beyaz biber

TALİMATLAR:

a) Basınçlı teneke kutuyu hazırlayın.
b) Basınçlı teneke kutuya su ekleyin.
c) Nihaleyi yerleştirin ve orta ateşte kaynatın.
d) Boş kavanozları 5-10 dakika kaynayan suya koyun. Ancak kaynatmayın.
e) Kızartma tavasına zeytinyağı ekleyin. Sarımsak ve arpacık ekleyin ve yarı saydam olana kadar pişirin.
f) Orta ateşte et suyu veya Broth ekleyin. Ateşten alın.
g) Kavanozların her birine ¼ fincan arpacık veya sarımsak, biber ve tuz ekleyin.
h) 1 inç boşluk bırakarak sıcak Broth'u ekleyin.
i) Hava kabarcıklarını giderin.
j) Kapaklara yerleştirin. Her kavanozun kenarını silin. Kavanozları basınçlı teneke kutuya yerleştirin. Kapağı kilitleyin. Kaynatın. 10 dakika boyunca buharı boşaltın.
k) Pintleri 75 dakika işleyin.
l) Tamamlandığında, ısıyı kapatın. Konserve kapağını çıkarın. 10 dakika bekleyin. Kavanozları teneke kutudan çıkarın. Gece boyunca soğumaya bırakın.

81. Meksika Dana Eti ve Tatlı Patates Suyu Çorbası

İÇİNDEKİLER:
- 1 yemek kaşığı rafine avokado yağı veya zeytinyağı
- 1 kiloluk yağsız güveç sığır eti
- 1 çay kaşığı koşer tuzu
- 1 bardak doğranmış soğan
- 1 çay kaşığı kıyılmış sarımsak
- 1 su bardağı kıyılmış tatlı dolmalık biber
- 2 su bardağı tatlı patates, soyulmuş ve doğranmış
- 1 çay kaşığı pul biber
- 1 çay kaşığı kurutulmuş kekik
- 1 çay kaşığı öğütülmüş kimyon
- 14 ons kırmızı salsa
- tavuk suyu, 2 su bardağı
- 2 çay kaşığı limon suyu
- ⅓ su bardağı kıyılmış kişniş
- tatmak için koşer tuzu
- tatmak için öğütülmüş karabiber

TALİMATLAR:

a) Büyük bir dökme demir tavayı yüksek ateşte ısıtın.

b) Haşlanmış sığır eti ekleyin ve tuz serpin. Sığır eti kızarana kadar 5 dakika karıştırın. Oluklu bir kaşıkla eti çıkarın ve bir tabağa aktarın. Kenara koyun.

c) Soğanı, sarımsağı ve dolmalık biberi tavaya orta-yüksek ateşte koyun ve soğan ve sarımsak kokulu olana ve biberler yumuşayana veya yaklaşık 5 dakika kadar ara sıra karıştırarak.

d) Tatlı patates, biber tozu, kekik, kimyon, et suyu ve salsayı ekleyin. İyice karıştırın. kaynatın. Ardından, örtün ve 30 dakika veya tatlı patatesler yumuşayana kadar pişirin.

e) Limon suyu, kişniş, tuz ve karabiberle karıştırın. Yaklaşık 4 dakika kısık ateşte ısınmasına izin verin.

f) Et Suyu Çorbasını, 1 inçlik boşluk bırakarak, pint veya quart olarak hazırlanmış kavanozlara koyun.

g) 2 parçalı konserve kapaklarını parmakla sıkın.

h) Kavanozları önceden ısıtılmış basınçlı tenekenizde 40 dakika işleyin.

i) İşleme süresi: tamamlandığında, ısıyı kapatın ve konserve kutusunun doğal olarak oda sıcaklığına gelmesine izin verin.

j) Soğuyunca kavanozları kutudan çıkarın ve contaları kontrol edin.

82. Jambon ve Bezelye Suyu Çorbası

İÇİNDEKİLER:
- 2 su bardağı kuru bezelye
- 8 su bardağı su
- 2 adet büyük boy tavuk bulyon
- 1 su bardağı doğranmış jambon
- 1½ bardak dilimlenmiş havuç
- 1 bardak doğranmış soğan
- ¼ çay kaşığı öğütülmüş yenibahar
- 1 defne yaprağı
- Tatmak için biber ve tuz

TALİMATLAR:

a) Büyük bir tencereye veya Et Suyu Çorbası tenceresine bezelye, su ve tavuk bulyon küplerini yerleştirin.

b) Malzemeleri ara sıra karıştırarak orta-yüksek ateşte kaynatın.

c) Yaklaşık bir saat kaynatın.

d) Bezelye ve sıvıyı bir çubuk daldırmalı blender kullanarak püre haline getirin.

e) Broth Çorbasına jambon, havuç, soğan, yenibahar ve defne yaprağı ekleyin. Et Suyu Çorbasını kaynatın.

f) 30 dakika kaynatın. Et Suyu Çorbasını tatmak için tuz ve karabiberle tatlandırın. Defne yaprağını çıkarın.

g) Sıcak, hazırlanmış kavanozları bir bulaşık bezinin üzerine yerleştirin. Et Suyu Çorbası karışımını kavanozlara koyun, her kavanozda 1 inç boşluk bıraktığınızdan emin olun. Doğru üst boşluğu sağlamak için gerekirse sıvıyı çıkarın veya ekleyin.

h) Kavanozlardaki hava kabarcıklarını giderin, ardından iyi bir sızdırmazlık sağlamak için kavanozların kenarlarını ıslak bir kağıt havluyla silerek temizleyin.

i) Kavanoza sıcak düz kapaklar yerleştirin, ardından bantları parmak uçlarınızla sıkılana kadar vidalayın.

j) Kavanozları hazırlanmış bir basınçlı kutudaki suya dikkatlice koyun ve kavanozları 75 dakika ve litreleri 90 dakika işleyin.

k) Tamamlandığında, ısıyı kapatın. Kutudaki basıncın doğal olarak sıfıra düşmesine izin verin. Sıfıra geldiğinde, birkaç dakika daha bekleyin, ardından havalandırma kapağını açın.

l) 10 dakika daha bekleyin, ardından kutu kapağını dikkatlice çıkarın. Sıcak kavanozları tezgahın üzerindeki bir bulaşık bezinin üzerine koyun ve 24 saat boyunca rahatsız edilmeden bekletin.

m) Uygun bir mühür olup olmadığını kontrol edin, ardından etiketleyin.

83. Geyik eti güveç

İÇİNDEKİLER:

- 1 büyük poblano biber
- 1 ila 2 jalapeno biberi
- 6 adet taze domates, kabukları çıkarılmış
- 1½ su bardağı (375 mL) doğranmış beyaz soğan (1 büyük soğan)
- 1 çay kaşığı (5 mL) öğütülmüş kimyon
- 2 yemek kaşığı. (30 mL) zeytinyağı
- 4 kulak taze mısır
- 3 diş sarımsak, kıyılmış
- 4 su bardağı (1 L) tavuk suyu veya tavuk kemiği suyu
- ⅔ bardak (150 mL) taze limon suyu (yaklaşık 7 limon)
- 1½ çay kaşığı. (7 mL) tuz
- 1 çay kaşığı (5 mL) öğütülmüş karabiber
- 2,5 cm'lik (1 inç) parçalar halinde kesilmiş 680 g derili ve kemikli tavuk butları veya göğüsleri

TALİMATLAR:

a) Fırını 220ºC'ye (425ºF) ısıtın. İlk 3 MALZEMEYİ düzenleyin: alüminyum folyo ile kaplı geniş kenarlı bir fırın tepsisine. 425ºF'de (220ºC) 25 dakika veya sebzeler yumuşayana ve kabukları kabarmaya başlayana ve biberleri her 5 dakikada bir çevirene kadar pişirin. Sebzeleri fırından çıkarın; biberleri küçük bir kaseye aktarın. Kaseyi plastik ambalajla örtün ve 20 dakika bekletin. Tomatillos, işlenecek kadar soğuyana kadar fırın tepsisinde bekletin. Tomatilloları kabaca doğrayın ve orta boy bir kaseye koyun.

b) Biberler 20 dakika bekletildikten sonra soyun, çekirdeklerini çıkarın ve doğrayın; domatese ekleyin.

c) Soğanı ve kimyonu sıcak zeytinyağında 6 litrelik (6 L) paslanmaz çelik veya emaye Hollanda fırınında orta-yüksek ateşte 12 dakika veya soğan yumuşayana kadar soteleyin.

d) Mısır tanelerinin uçlarını büyük bir kaseye kesin; sütü ve kalan posayı koçanlardan kazıyın. Hollandalı fırında soğana mısır ve sarımsak ekleyin; sürekli karıştırarak 5 dakika pişirin. Doğranmış biberleri, doğranmış domatesleri, tavuk Suyunu ve sonraki 3 malzemeyi karıştırın.

e) kaynatın; ısıyı azaltın ve kapağı açık olarak 5 dakika, sık sık karıştırarak pişirin. Tavuğu karıştırın. Yüksek ateşte kaynatın; 5 dakika kaynatın. Ateşten alın.
f) Sıcak Et Suyu Çorbasını 1 inç (2,5 cm) üst boşluk bırakarak sıcak bir kavanoza koyun. Hava kabarcıklarını çıkarın. Kavanoz kenarını silin. Kavanozdaki kapağı ortalayın. Bandı uygulayın ve parmak ucunuzla sıkı olacak şekilde ayarlayın. Kavanozu rafa, 2 inç (5 cm) 180ºF (82ºC) kaynayan su içeren basınçlı bir kutuya yerleştirin. Tüm kavanozlar dolana kadar tekrarlayın.
g) Kapağı kutunun üzerine yerleştirin ve kilitli konuma çevirin. Isıyı orta-yüksek seviyeye ayarlayın. 10 dakika boyunca buharı boşaltın.
h) Karşı ağırlığı veya ağırlıklı ölçeri havalandırmaya yerleştirin; basıncı, ağırlıklı göstergeli bir kutu için 10 pound'a (4,5 kg) (psi) veya kadranlı bir kutu için 11 pound'a (454 g) s (psi) getirin.
i) 1 litre (500 mL) kavanozları 1 saat 15 dakika veya 1 litre (1 L) kavanozları 1 saat 30 dakika işleyin. Isıyı kapatın; kutuyu sıfır basınca soğutun. Kapağı çıkarmadan önce 5 dakika daha bekletin.
j) Kavanozları teneke kutuda 10 dakika soğutun. Kavanozları çıkarın ve soğutun.

84. Mısırlı Kireçli Tavuk Suyu Çorbası

İÇİNDEKİLER:
- Pişirme spreyi veya zeytinyağı
- 1 pound yağsız geyik eti, kuşbaşı
- 1 çay kaşığı zeytinyağı
- 1 küçük soğan, doğranmış
- 1 diş sarımsak, kıyılmış
- 1 kereviz sapı, doğranmış
- 1 havuç, doğranmış
- 2 patates, küp
- 2 su bardağı su
- ½ çay kaşığı tuz
- ⅛ çay kaşığı biber
- 2 kutu et suyu

TALİMATLAR:
a) Bir Et Suyu Çorbası tenceresini pişirme spreyi veya zeytinyağı ile kaplayın ve yüksek ateşte koyun.
b) Tavaya geyik eti ekleyin. Kızarana kadar soteleyin. Tavadan çıkarın ve kağıt havluların üzerine koyun.
c) Yağı ve tüm sebzeleri ekleyin ve yumuşayana kadar soteleyin.
d) Geyik eti, tuz, karabiber ve suyu karıştırın.
e) Bir kaynamaya getirin ve 5 dakika pişirin.
f) Temiz, sıcak kavanozları yarıya kadar katı malzemelerle doldurun.
g) Sıvıyı 1 inç boşluk bırakarak kavanozlara doldurun.
h) Kapakları ayarlayın ve işleyin.

KEMİK SUYU SOSLARI

85. Chimichurri Sos

İÇİNDEKİLER:

- 1 su bardağı hafif paketlenmiş taze maydanoz
- ¼ bardak organik kırmızı şarap sirkesi
- 2 büyük diş sarımsak
- ¼ su bardağı sızma zeytinyağı
- 1 çay kaşığı kuru kekik
- ½ çay kaşığı tuz
- ¼ çay kaşığı kırmızı biber gevreği
- ⅛ çay kaşığı taze çekilmiş karabiber
- ¼ su bardağı Dana Kemik Suyu
- ¼ olgun avokado

TALİMATLAR:

a) Tüm malzemeleri bir mutfak robotuna yerleştirin, yaklaşık 30 saniye veya tüm malzemeler iyice birleşene kadar karıştırın. Beğeninize göre çok inceyse, daha fazla avokado ekleyin. Çok kalınsa, daha fazla dana kemik suyu ekleyin.

b) Chimichurri sosunu 8 onsluk bir mason kavanoza dökün. Örtün ve buzdolabında 2 haftaya kadar saklayın.

86. salsa de guajillo

İÇİNDEKİLER:
- 4 Roma domatesi, kızarmış
- ⅓ fincan beyaz soğan, dilimlenmiş
- 1 küçük diş sarımsak
- ½ su bardağı Tavuk Kemik Suyu
- 6 Guajillo biberi, kızartılmış ve çekirdekleri çıkarılmış
- ½ çay kaşığı tuz

TALİMATLAR:
a) Fırını 350 ° F'ye ısıtın. Roma domateslerini ve Guajillo biberlerini birlikte 10 dakika kızartın. Kızartma süresinin yarısında biberleri çevirin.
b) Hazırlanan tüm malzemeleri bir mutfak robotuna veya karıştırıcıya yerleştirin. İyice karıştırın.
c) İsterseniz pürüzsüz bir salsa sağlamak için katı parçaları filtrelemek için bir kevgir kullanın. (Genellikle bu adımı atlarım.)

87. Meksika usulü yeşil domates sosu

İÇİNDEKİLER:
- 8 oz tomatillos (genellikle yeşil domates denir)
- 2 avokado
- 5 serrano biberi
- ½ çay kaşığı tuz
- ⅓ fincan beyaz soğan, dilimlenmiş
- ½ fincan kişniş, gevşekçe paketlenmiş
- 1 su bardağı Tavuk Kemik Suyu

TALİMATLAR:
a) Hazırlanan tüm malzemeleri bir mutfak robotuna veya karıştırıcıya yerleştirin.
b) İyice karıştırın ve koruyun.

88. salsa de cacahuate

İÇİNDEKİLER:

- 4 Roma domatesi
- 1 diş sarımsak
- 5 kuru biber
- ⅓ fincan beyaz soğan, dilimlenmiş
- ½ fincan fıstık, kızarmış
- ½ su bardağı Tavuk Kemik Suyu
- 2 yemek kaşığı beyaz susam, kızarmış
- ½ çay kaşığı tuz
- 2 yemek kaşığı zeytinyağı

TALİMATLAR:

a) Fırını 350 ° F'ye ısıtın. Roma domateslerini, yer fıstığını ve beyaz susamı birlikte 8-10 dakika kızartın.

b) Hazırlanan tüm malzemeleri (zeytinyağı hariç) bir mutfak robotu veya karıştırıcıya koyun. İyice karıştırın.

c) Salsayı zeytinyağında 10 dakika kısık ateşte pişirin. Soğumaya bırakın ve koruyun.

89. Acı ve Ekşi Et Suyu Çorbası

İÇİNDEKİLER:
- ½ fincan shiitake mantarı, dilimlenmiş
- ½ su bardağı enoki mantarı
- ½ su bardağı havuç, kibrit çöpü şeklinde doğranmış
- ½ fincan brokoli sapları, kibrit çöpü şeklinde kesilmiş (çiçekleri değil sapları)
- 6 su bardağı Tavuk Kemik Suyu
- ½ çay kaşığı esmer şeker
- 3 yemek kaşığı balzamik sirke
- ¼ (16 ons) blok ekstra sert tofu, şeritler halinde kesilmiş
- 2 yemek kaşığı mısır nişastası, ¼ su bardağı soğuk suda eritilmiş
- 1 yumurta, çırpılmış
- ¾ çay kaşığı öğütülmüş karabiber
- Süslemek için taze kişniş yaprakları

TALİMATLAR:
a) Büyük bir tencereye shiitake mantarlarını, enoki mantarlarını, havuçları, brokoli saplarını ve tavuk kemik suyunu koyun. Bir tutam tuz ekleyin ve kaynatın.

b) Isıyı ortama çevirin, şeker, sirke ve tofu ekleyin. Yavaşça karıştırın.

c) Çözünmüş mısır nişastasını Broth Soup'a yavaşça karıştırın. Karıştırmaya devam edin. Et Suyu Çorbası koyulaşmaya başlayacaktır. Çırpılmış yumurtayı ekleyin ve hemen karıştırmaya başlayın. Isıyı kapatın. Yumurta, Et Suyu Çorbasının yüzeyinde yüzen çok küçük parçalara ayrılmalıdır.

d) Et Suyu Çorbasını önce ¼ çay kaşığı karabiberle tatlandırın. Tadın ve istenirse daha fazlasını ekleyin. (¾ çay kaşığı karabiber benim damak zevkime göre mükemmel buldum ama siz tercihinize göre miktarını ayarlayabilirsiniz.) Servis tabağına alın ve kişnişle süsleyin. Sıcak servis yapın.

90. Dana Erişte Suyu Çorbası (Szekuan Usulü)

İÇİNDEKİLER:
- 1 pound dana güveç eti
- ¼ fincan baharatlı biber fasulyesi sosu
- 4 ons su teresi
- 2 yemek kaşığı esmer şeker
- 12-15 adet şitaki mantarı
- 5 yemek kaşığı zeytinyağı, bölünmüş
- 4 yumurta, yumuşak haşlanmış
- 3 yıldız anason
- 8 ons Çin eriştesi veya ramen veya udon
- 2 çay kaşığı beş baharat tozu
- 1-inç parça zencefil, dilimlenmiş
- 2 yemek kaşığı soya sosu
- 4 diş sarımsak, ezilmiş ve kabaca dilimlenmiş
- 1 sap yeşil soğan, süslemek için doğranmış
- 5 su bardağı Dana Kemik Suyu
- Susam yağı
- 1 yemek kaşığı kırmızı şarap
- Tuz ve biber

TALİMATLAR:
a) Sığır yahnisini orta boy bir kaseye koyun; kırmızı şarap ve bir tutam tuz ve karabiber ekleyin; iyice karıştırın.
b) Büyük bir tencerede 2 yemek kaşığı zeytinyağını orta-yüksek ateşte ısıtın; terbiyeli sığır eti ekleyin, etin dışı kahverengileşene kadar (yaklaşık 5 dakika) karıştırın.
c) 5 su bardağı dana kemik suyunu tencereye ekleyin. Isıyı yüksek seviyeye getirin ve kaynatın, ardından kaynatın.
d) Et kaynarken, küçük bir tavada (yaklaşık 2 dakika) orta-yüksek ateşte 3 yemek kaşığı zeytinyağını ısıtın.
e) Şeker ekleyin ve kahverengileşinceye kadar kızartın; şimdi yıldız anasonu, beş baharat tozunu, zencefili ve sarımsağı ekleyin; yaklaşık 10 saniye karıştırın; hızla acı biber sosu ekleyin. İyice karıştırın ve yaklaşık 1 dakika kısık ateşte pişirin.
f) Acı fasulye sosu karışımını büyük tencereye aktarın; soya sosu ekleyin, ardından 25 dakika pişirin.

g) Bu arada yumurtaları kaynatın. (Küçük bir tencerede 4 su bardağı suyu kaynatın, yumurtaları yavaşça ekleyin ve rafadan yumurtalar için 4 ½ dakika, katı yumurtalar için 5 dakika kaynatın. Önce yumurtaları süzün ve soğuk suda 5 dakika bekletin. cilt temizleme.)

h) 25 dakika kaynattıktan sonra tencereye erişte ve mantarları ekleyin; kaynatın. Dana Erişte Suyu Çorbası kaynayınca su teresini ekleyin ve hemen ocağı kapatın. Sebze solmaya başlayana kadar karıştırın.

i) Erişte Suyu Çorbasını servis etmek için eşit olarak 4 kaseye bölün; susam yağı gezdirin. Her kaseye bir rafadan yumurta koyun; doğranmış yeşil soğan serpin. Eğlence!

91. Kabak Eriştesi ile Pho

İÇİNDEKİLER:
- ½ pound üst sığır filetosu biftek
- 4 kabak
- 1-inç parça taze zencefil, dilimlenmiş
- 2 çubuk tarçın
- 1 yemek kaşığı soya sosu (glutensiz bir versiyon için tamari sosu veya hindistancevizi aminosu kullanın)
- 2 yıldız anason
- 3 bütün karanfil
- 4 su bardağı Dana Kemik Suyu
- 1 yemek kaşığı balık sosu

SOSU İÇİN:
- 2 avuç kuru fasulye
- Bitki karışımı (kişniş, fesleğen veya her ikisi)
- 1 jalapeño biber, dilimlenmiş (isteğe bağlı)
- 2 dal yeşil soğan, doğranmış
- Servis için Sriracha, hoisin sosu ve lime dilimleri

TALİMATLAR:

a) Kolay dilimleme için dana bonfileyi 15 dakika dondurucuya koyun.

b) Kabak eriştesi yapmak için spiralleştirici veya jülyen soyucu kullanın. Zoodle'ları iki büyük servis kasesine bölün.

c) Orta boy bir tencerede, tarçın çubukları, yıldız anason ve karanfilleri orta ateşte kokulu olana kadar kavurun. Tavaya kemik suyu, ardından zencefil, soya sosu ve balık sosu ekleyin. Bir kaynamaya getirin ve baharatların et suyuna tamamen nüfuz etmesini sağlamak için 10 dakika pişirin.

d) Sığır eti dondurucudan çıkarın ve ince şeritler halinde dilimleyin. Dana etini ikiye bölün ve servis kaselerindeki zoodleların üzerine ekleyin.

e) Et suyu piştikten sonra onu da ikiye bölün ve sıcak suyu servis kaselerine dökün. Sığır eti anında pişmeye başlar ve rengi değişir.

f) Pho'yu fasulye filizi, taze otlar, dilimlenmiş biber ve yeşil soğanla doldurun, Sriracha ve/veya hoisin sosu gezdirin, içine biraz limon suyu sıkın ve höpürdeterek çırpın!

92. Sosis ve Karalahana ile Mantı Et Suyu Çorbası

İÇİNDEKİLER:

- ½ pound hafif (veya sıcak) İtalyan sosisi, kabuğu çıkarılmış
- ¼ fincan soğan, doğranmış
- 2 sap kereviz, doğranmış
- ¼ su bardağı donmuş havuç ve bezelye
- 12 ons makarna sosu
- 4 su bardağı Tavuk Kemik Suyu (2 karton)
- ¼ fincan güneşte kurutulmuş domates
- 1 (9 ons) paket peynirli ravioli
- 1 (8 ons) bebek lahana kitinin yarım paketi
- 2 yemek kaşığı kısmen yağsız ricotta peyniri

TALİMATLAR:

a) Büyük bir tencereyi orta-yüksek ateşte önceden ısıtın. Eti parçalamak için karıştırarak 5-7 dakika sosisleri kahverengileştirin. Pembe kalmayıncaya kadar pişirin. Soğanı, kerevizi, havucu ve bezelyeyi sosise ilave edin ve sık sık karıştırarak 4 dakika pişirin.

b) Isıyı orta-düşük seviyeye düşürün. Makarna sosu, tavuk kemik suyu ve güneşte kurutulmuş domatesleri karıştırın. Ara sıra karıştırarak 8-10 dakika pişirin.

c) Mantıyı sosa ekleyin; 4-5 dakika veya mantı yumuşayana kadar pişirin.

d) Servis yapmak için Et Suyu Çorbasını iki servis kasesine bölün. Her bir kaseyi bir avuç dolusu yeşil salata ile doldurun, ardından salata soslarını serpin ve sosu gezdirin. Her kase için 1 yemek kaşığı ricotta peyniri ile bitirin ve servis yapın.

93. 15 Dakikalık Türkiye Pho

İÇİNDEKİLER:

- 2 çubuk tarçın
- 2 yıldız anason
- 3 bütün karanfil
- 4 su bardağı Tavuk Kemik Suyu (2 karton)
- 1 ons taze zencefil, dilimlenmiş
- 1 yemek kaşığı balık sosu
- 1 yemek kaşığı hindistancevizi aminosu veya soya sosu
- 4 ons pho/pirinç eriştesi
- 2 su bardağı dondurulmuş Asya tavada kızartılmış sebze
- 3 bardak artık hindi eti
- Servis için taze kişniş, limon dilimleri, Sriracha ve/veya hoisin sosu

TALİMATLAR:

a) Tarçın çubukları, yıldız anason ve karanfilleri orta boy bir tencerede orta-yüksek ateşte yaklaşık 2 dakika kokulu olana kadar kızartın.

b) Tencereye hindi veya tavuk kemiği suyu, zencefil, balık sosu ve soya sosu ekleyin. Bir kaynamaya getirin ve 5 dakika pişirin.

c) Bu arada başka bir tencerede 2 litre suyu kaynatın. Erişte ekleyin, 2-3 dakika pişirin. Süzün ve iki servis kasesine eşit şekilde aktarın.

d) Et suyundan baharatları atın. Sebzeleri ekleyin ve ısıyı yükseltin. Tekrar veya sebzeler yumuşayana kadar kaynatın.

e) Servis yapmak için hindinin yarısını bir servis kasesine eriştelerin üzerine koyun. Et suyunun yarısını sebzelerle birlikte üzerine dökün. Üzerine taze kişniş, Sriracha sosu ve/veya hoisin sosu ekleyin. Biraz taze limon suyu ekleyin ve servis yapın. Aynısını diğer kase ile yapın. Eğlence!

94. Yavaş Tencerede Fransız Soğan Suyu Çorbası

İÇİNDEKİLER:
- 3 pound sarı soğan, soyulmuş ve dilimlenmiş
- 2 yemek kaşığı zeytinyağı
- 1 çay kaşığı tuz, artı tatmak için daha fazlası
- Taze çekilmiş karabiber
- 2 yemek kaşığı balzamik sirke
- 10 su bardağı Dana Kemik Suyu
- 3 yemek kaşığı şeri, isteğe bağlı
- Et Suyu Çorbasını MONTAJI İÇİN:
- Her kase için 6 baget dilimi
- 1 ⅓ ila 2 bardak rendelenmiş veya traşlanmış Gruyere peyniri
- Süslemek için kıyılmış maydanoz

TALİMATLAR:

a) Soğanları 6 litrelik yavaş bir tencereye koyun. Tereyağı ve zeytinyağını karıştırın. Tuz ve karabiber serpin. Örtün ve 12 saat kısık ateşte pişirin.

b) Yavaş pişiriciye balzamik sirke ve sığır kemik suyu ekleyin. Kullanıyorsanız şeri ekleyin.

c) Örtün ve 6-8 saat daha kısık ateşte pişirin.

d) Fırını 350 ° F'ye ısıtın.

e) Broth Çorbasını ve soğanları fırına dayanıklı kaselere porsiyonlayın ve kepçeyle kaseleri bir fırın tepsisine yerleştirin.

f) Her kasenin üzerine bir dilim kızarmış ekmek ve bol miktarda rendelenmiş veya traşlanmış Gruyere peyniri koyun.

g) Fırının üst üçte birlik rafında 20-30 dakika veya peynir eriyene kadar pişirin.

h) Fırını ızgaraya getirin ve Et Suyu Çorbasını peynir kızarana kadar 2-3 dakika kavurun.

i) Kıyılmış maydanozla süsleyip sıcak servis yapın.

95. Tek Kapta Tavuk Suyu Çorbası

İÇİNDEKİLER:
- 2 yemek kaşığı zeytinyağı
- 1 büyük soğan, doğranmış
- 2 bardak havuç, doğranmış
- koşer tuzu
- 3 diş sarımsak, kıyılmış
- 3 sap kereviz, doğranmış
- 1 yeşil dolmalık biber, doğranmış
- 8 ons mantar, dilimlenmiş
- 4 su bardağı Tavuk Kemik Suyu (2 karton)
- 2 bardak kırmızı salsa
- 2 su bardağı yeşil salsa
- 1 çay kaşığı kuru fesleğen
- 8 ons yumurtalı erişte (isteğe bağlı)
- 4 bardak et lokantası tavuğu, rendelenmiş veya ısırık büyüklüğünde parçalar halinde kesilmiş
- Servis için taze kişniş ve misket limonu dilimleri

TALİMATLAR:

a) Büyük bir Et Suyu Çorbası tenceresinde zeytinyağını orta-yüksek ateşte ısıtın. Soğan ve havuç ekleyin, ardından bir tutam tuz ekleyin. Soğanlar yarı saydam olana ve havuçlar yaklaşık 5 dakika yumuşamaya başlayana kadar soteleyin. Sarımsağı karıştırın ve kokulu olana kadar yaklaşık 30 saniye pişirin.

b) Tencereye kereviz, dolmalık biber ve mantarları ekleyin. Tavuk kemiği suyunu sebzelerin üzerine dökün ve kırmızı salsa ve yeşil salsa ile karıştırın.

c) Kuru fesleğeni ekleyip karıştırın.

d) Erişte olmadan: Bir kaynamaya getirin, örtün ve orta ateşte 15 dakika veya

e) sebzeler yumuşacık. Erişte ile: Kaynatın, erişte ekleyin ve erişte yumuşayana kadar 8-10 dakika yüksek ateşte pişirin. Sebzeler o zamana kadar yumuşak olmalıdır.

f) Ortaya çıkarın, ısıyı orta-düşük seviyeye indirin. Tavuğu ekleyin ve ara sıra karıştırarak tavuğun ısınmasına izin verin. Tadın, istenirse daha fazla tuz ekleyin.

g) Ateşten alın. Tabaklayın ve taze kişniş yapraklarıyla süsleyin. Kireç dilimleri ile servis yapın. Eğlence!

96. Otantik Tay Sebze Suyu Çorbası

İÇİNDEKİLER:

- 1 kutu (13.66 ons) şekersiz hindistan cevizi sütü
- 2 su bardağı Tavuk Kemik Suyu (1 karton)
- ½ su bardağı kabak püresi (isteğe bağlı)
- ¼ bardak havlıcan, dilimlenmiş
- 1 inç uzunluğunda parçalar halinde dilimlenmiş 1 sap limon otu
- ¼ fincan soğan, dilimlenmiş
- 1 su bardağı brokoli çiçeği, doğranmış
- ½ bardak havuç, dilimlenmiş
- ½ fincan sert tofu, dilimlenmiş
- 1 Roma domates, dilimlenmiş
- 1 su bardağı mantar, dilimlenmiş
- 2 yemek kaşığı balık sosu (veya soya sosu veya hindistancevizi aminosu)
- 1 çay kaşığı esmer şeker
- tatmak için tuz
- 2 yemek kaşığı limon suyu
- 1 sap taze soğan, ince kıyılmış
- ½ çay kaşığı kırmızı biber gevreği
- Süsleme için taze kişniş yaprakları ve servis için limon dilimleri

TALİMATLAR:

a) Hindistan cevizi sütü, tavuk kemiği suyu ve kabak püresini geniş bir tencerede karıştırın. Karıştırın ve kaynatın.
b) Tavaya havlıcan, limon otu, soğan, brokoli ve havucu ekleyin; 2-3 dakika veya kokulu olana kadar yüksek ateşte pişirin.
c) Tofu, domates ve mantarı ekleyin; tekrar kaynatın. Sebzeler bitene kadar pişirmeye devam edin.
d) Balık sosu (soya sosu veya hindistancevizi aminos), şeker ve bir tutam tuz ile tatlandırın.
e) Isıyı kapatın. Limon otunu ve havlıcanı atın. Limon suyu, taze soğan ve ezilmiş biberleri karıştırın.
f) Tabak ve kişniş yaprakları ile süsleyin. Eğlence!

97. Yavaş Pişirici Şanghay Usulü Sığır Pancar Çorbası

İÇİNDEKİLER:

- 2 yemek kaşığı zeytinyağı
- 2 su bardağı Dana Kemik Suyu (1 karton)
- 2 yemek kaşığı tereyağı
- 1 (6 oz) kutu domates salçası
- ¼ fincan çok amaçlı un
- 1 (14,5 oz) doğranmış domates konservesi
- 1 orta boy soğan, dilimlenmiş
- 1 defne yaprağı
- 1 pound dana güveç eti
- 1 çay kaşığı tuz
- 2 sap kereviz, doğranmış
- 2 yemek kaşığı esmer şeker
- 1 bardak havuç, doğranmış
- ½ çay kaşığı öğütülmüş karabiber
- 1 büyük rus patates, doğranmış
- 3 su bardağı yeşil lahana, ince dilimlenmiş
- 4 diş sarımsak, kıyılmış
- Garnitür için kıyılmış taze fesleğen

TALİMATLAR:

a) Bir tavada orta ateşte tereyağı ile zeytinyağını eriterek bir meyane yapın. Tereyağı tamamen eridikten sonra ısıyı düşürün, unu ekleyin; karışım karışana ve pürüzsüz olana kadar sürekli karıştırın.

b) Meyaneye soğan ekleyin; ısıyı orta-yüksek ısıya yükseltin. Soğan iyice kaplanana ve hoş kokulu olana kadar karıştırın; karışımı yavaş pişiriciye aktarın.

c) Lahana hariç diğer tüm malzemeleri yavaş tencereye koyun. İyice karıştırın, örtün ve 8 saat kısık ateşte pişirin.

d) Lahanayı ekleyin, yavaş pişiriciyi yüksek ayara getirin. 30 dakika daha veya lahana yumuşayana kadar pişirin.

e) İsterseniz tadın ve daha fazla tuz veya şeker ekleyin. Tabağı fesleğenle süsleyin ve en sevdiğiniz ekmekle servis yapın.

98. Yavaş Tencerede Bölünmüş Bezelye Suyu Çorbası

İÇİNDEKİLER:

- 1 su bardağı sarı soğan, doğranmış
- 2 diş sarımsak, kıyılmış
- ½ çay kaşığı kurutulmuş kekik
- 1 ½ çay kaşığı koşer tuzu
- 1 çay kaşığı öğütülmüş karabiber
- 2 bardak havuç, doğranmış
- 1 bardak kırmızı patates, doğranmış
- 1 bardak kereviz, doğranmış
- 1 pound kuru bezelye
- 8 su bardağı Dana Kemik Suyu (4 karton)
- Servis için pişmiş domuz pastırması parçaları ve süslemek için kıyılmış kişniş

TALİMATLAR:

a) Tüm malzemeleri 4 litrelik (veya daha büyük) bir yavaş pişiriciye yerleştirin. Örtün ve 8-10 saat kısık ateşte pişirin.

b) İstenirse daha fazla tuz ekleyerek tadı ayarlamak için tadın.

c) Servis kaselerine koyun ve servis yapmadan önce üzerine pişmiş pastırma parçaları ve taze kişniş yaprakları ekleyin.

d) Eğlence!

99. Klasik Wonton Et Suyu Çorbası

İÇİNDEKİLER:
- 40 büyük wonton sarmalayıcı

WONTON DOLUMU İÇİN – KARİDES:
- 20 orta boy karides, soyulmuş ve özü çıkarılmış, uzunlamasına ikiye bölünmüş
- ½ çay kaşığı koşer tuzu
- ½ çay kaşığı mısır nişastası
- 1 çay kaşığı sızma zeytinyağı

WONTON DOLUMU İÇİN - DOMUZ:
- 1 pound% 80 yağsız öğütülmüş domuz eti
- 1 ½ yemek kaşığı kıyılmış taze zencefil
- 1 yemek kaşığı Shaoxing pirinç şarabı
- 2 yemek kaşığı hafif soya sosu
- 2 çay kaşığı mısır nişastası
- 1 çay kaşığı esmer şeker
- 2 yemek kaşığı sızma zeytinyağı
- ½ çay kaşığı kaşar tuzu, bölünmüş
- 6 ons su teresi, doğranmış (yaklaşık 4 bardak)

WONTON Et Suyu Çorbası TABANI İÇİN:
- 8 su bardağı Tavuk Kemik Suyu (4 karton)
- 2 su bardağı su teresi veya diğer arzu edilen yeşil sebzeler (isteğe bağlı)
- Tatmak için biber ve tuz
- Süslemek için doğranmış yeşil soğan
- Çiselemek için sıcak biber yağı veya susam yağı (isteğe bağlı)

TALİMATLAR:
a) Karides dolgusunu birleştirin İÇİNDEKİLER: küçük bir kapta ve iyice karıştırın. Kenara koyun.

b) Domuz eti, zencefil, Shaoxing şarabı, hafif soya sosu, mısır nişastası ve şekeri büyük bir karıştırma kabında birleştirin. İyice karıştırın.

c) Domuz eti karışımına zeytinyağı, tuz ve su teresi ekleyin. Tüm malzemeleri birlikte karıştırmak için iki elinizi de kullanın.

d) Biraz un serperek düz bir çalışma yüzeyi hazırlayın. Elinizle yayın. Yanında küçük bir kase su hazırlayın.

e) Şimdi wontonları sarın. Bir ambalaj kağıdını dar tarafı size bakacak şekilde avucunuza düz bir şekilde yerleştirin. Yaklaşık 1 çorba kaşığı domuz eti doldurun ve wonton ambalajının ortasına yerleştirin. Üzerine bir parça karides ekleyin.

f) Sargının dar tarafını kaldırın ve dolguyu tamamen kaplayacak şekilde sargının geniş tarafına doğru katlayın. Dar taraf, geniş tarafa yaklaşık yarım inçlik bir alan bırakılan noktaya kadar çıkmalıdır.

g) Başparmağınızı hafifçe suya batırın. Sarma kağıtlarının dar ve geniş yan kenarlarını dolgunun etrafında sıkıştırmak için parmaklarınızı kullanın, ardından iki ucu birbirine bastırmak için ıslak başparmağınızı kullanarak mantıyı hemşire şapkası şeklinde bükün.

h) Sargıların geri kalanıyla tekrarlayın ve mantıları çalışma yüzeyine, her biri arasında biraz mesafe olacak şekilde tek bir katman halinde yerleştirin.

i) Büyük bir tencereye su kaynatın, pişirmek istediğiniz kadar wonton ekleyin. Yüzene kadar yaklaşık 5 dakika kaynatın. Dolgunun pişip pişmediğini görmek için tadına bakın.

j) Aynı zamanda başka bir tencerede tavuk kemik suyunu (10-12 wonton için 2 su bardağı) kaynatın. Biraz su teresi veya bebek bok choy gibi istediğiniz yeşil sebzeleri ekleyin. Sebzeler solana kadar yaklaşık 1-2 dakika pişirin. Tatmak için tuz ve karabiber ekleyin.

k) Broth Soup tabanını bir servis kasesine aktarın ve pişmiş mantıları oluklu bir kaşık kullanarak kaseye dökün. Kıyılmış yeşil soğanla süsleyin ve istenirse sıcak biber yağı veya susam yağı ile gezdirin. Eğlence!

100. New England Midye Çorbası

İÇİNDEKİLER:
- 6-7 dilim domuz pastırması, küçük parçalar halinde kesilmiş
- 3 yemek kaşığı un
- 1 pound kırmızı veya sarı patates
- 1 su bardağı yoğun krema
- 1 orta boy beyaz soğan, doğranmış
- 1 bardak süt, bölünmüş
- 1 (10 oz) bütün bebek istiridye konservesi
- 1 su bardağı Tavuk Kemik Suyu, bölünmüş
- 2 sap kereviz, ince kıyılmış
- 3 yemek kaşığı tuzsuz tereyağı
- 1 çay kaşığı dereotu
- tatmak için biber ve tuz

TALİMATLAR:

a) Orta boy bir tencerede pastırmayı orta ateşte çıtır çıtır olana kadar pişirin. Ara sıra karıştırın (yaklaşık 10 dakika).
b) Pastırma pişerken kremalı kereviz Suyu Çorbası yapın. Orta boy bir tavada, orta ateşte tereyağını eritin. ¼ fincan doğranmış soğanı ekleyin ve kokulu olana kadar soteleyin (3-5 dakika).
c) Tavaya kereviz ekleyin; karıştırarak 2-3 dakika pişirin.
d) Un serpin ve soğan ve kereviz ile bir veya iki dakika soteleyin.
e) ½ fincan tam yağlı süt ve ½ fincan tavuk suyunu çırpın. Bir kaynamaya getirin ve kalınlaşana kadar 5-8 dakika pişirin.
f) Kremalı Kereviz Suyu Çorbası kaynarken, domuz pastırması hazır olmalıdır. Soğanın geri kalanını tencereye koyun ve yarı saydam olana kadar pişirin.
g) İstiridye suyunu ve ½ bardak tavuk suyunu, ardından patatesleri ekleyin. Örtün ve orta ateşte patatesler yumuşayana kadar (yaklaşık 15-20 dakika) pişirin. Ara sıra karıştır.
h) Patatesler pişerken kremalı kereviz Suyu Çorbasını kontrol edip tamamlayın.
i) Patatesler pişince istiridye, kereviz kreması Et Suyu Çorbası, ½ bardak süt, krema ve dereotu ekleyin. Her şeyi tutarlı bir şekilde karıştırın ve çorbayı orta-düşük ateşte 5 dakika daha pişirin. Tatmak için tuz ve karabiber ekleyin. Sert.

ÇÖZÜM

Besleyici Kemikler sadece bir yemek kitabı değil, aynı zamanda daha sağlıklı ve tatmin edici bir yaşam tarzı için bir rehberdir. Her biri güzel renkli bir görselin eşlik ettiği 100 ağız sulandıran tarifle bu yemek kitabı, bedeninizi ve ruhunuzu besleyecek lezzetli ve besleyici yemekler yaratmak için ilham ve rehberlik sağlıyor.

Farklı tarifleri keşfettikçe, kemik suyunun faydalarını ve genel sağlığınızı ve zindeliğinizi nasıl iyileştirebileceğini keşfedeceksiniz. Ayrıca kemik suyunu çeşitli yaratıcı ve lezzetli yollarla günlük diyetinize nasıl dahil edeceğinizi öğreneceksiniz.

Bu yemek kitabının sonuna geldiğinizde, kemik suyunun iyileştirici gücü ve sunduğu sonsuz olasılıklar için yeni bir takdir kazanmış olacaksınız. İster acemi ister deneyimli bir aşçı olun, Nourishing Bones tekrar tekrar döneceğiniz değerli bir kaynak olacak.

Hepimiz kemiklerin kalsiyum ve magnezyum gibi temel besinlerin depoları olduğunu biliyoruz. Ayrıca cilt, eklem ve bağırsak sağlığınızda büyük fark yaratabilecek iki besin olan kollajen ve jelatin kaynağıdırlar.

Kemikleri en az 20 saat kaynatmak, eklem ve bağırsak sağlığını daha da destekleyen ve sistemik iltihaplanmayı azaltmaya yardımcı olan prolin, glisin ve glutamin amino asitlerinin salınmasına da yardımcı olur. Hepsinden iyisi, uzun süreli kaynatma, kemik suyundaki tüm yararlı besinlerin biyolojik olarak daha fazla kullanılabilir olmasını sağlar, bu da vücudumuzun onları sindirmesi ve emmesi için inanılmaz derecede kolay olduğu anlamına gelir.